CHARLES HADDON SPURGEON

SALMO 23
EL TESORO DE DAVID

*Texto completo
traducido y ampliado
con notas explicativas y
referencias bíblicas
por Eliseo Vila*

EDITORIAL CLIE
C/ Ferrocarril, 8
08232 VILADECAVALLS
(Barcelona) ESPAÑA
E-mail: libros@clie.es
http://www.clie.es

«Cualquier forma de reproducción, distribución, comunicación pública o transformación de esta obra solo puede ser realizada con la autorización de sus titulares, salvo excepción prevista por la ley. Diríjase a CEDRO (Centro Español de Derechos Reprográficos, www.cedro.org <http://www.cedro.org>) si necesita fotocopiar o escanear algún fragmento de esta obra».

© 2014 por CLIE
Traducido y ampliado por Eliseo Vila

Salmo 23
ISBN: 978-84-8267-858-0
Depósito Legal: B-8811-2014
Vida cristiana
Crecimiento espiritual
Referencia: 224861

ELISEO VILA VILA (1944-) nació en Terrassa (Barcelona) hijo de Samuel Vila Ventura y Lidia Vila Campderrós. Cursó estudios de teología, ciencias económicas y periodismo, y ostenta diversos cargos en el mundo económico y empresarial en Cataluña. En 1992, con el fallecimiento de su padre Samuel Vila, pasó a ocupar la dirección de la Editorial CLIE, de la que actualmente es Presidente. Tuvo un papel destacado en la creación de la FEREDE *(Federación de Entidades Religiosas Evangélicas de España),* en la cual ostentó como miembro de su *Comisión Permanente* los cargos de Tesorero y Consejero de Economía durante veinticinco años; y asumió la responsabilidad de la redacción y negociación del área económica en los *Acuerdos de Cooperación* entre el Gobierno español y las iglesias evangélicas. Actualmente forma parte del Patronato de la Fundación Estatal *Pluralismo y Convivencia.* Es miembro de la *Iglesia Española Reformada Episcopal* (comunión anglicana) de la cual es Canónigo en la Iglesia Catedral de *El Redentor* en Madrid. Ha impartido numerosos seminarios y conferencias en universidades e iglesias de España, Estados Unidos y todo Latinoamérica; ha traducido más de cuarenta y tres obras del inglés al español; y escrito varios libros, entre ellos *Las obras de referencia y consulta: su utilidad y manejo.* Actualmente trabaja intensamente en la traducción al español del texto completo de la *opus magna* de Charles Haddon Spurgeon: *El Tesoro de David.* Ampliándola con notas explicativas propias, referencias bíblicas y comentarios adicionales sobre los salmos de los Padres de la Iglesia.

ÍNDICE

Prólogo del traductor.   7

1. Texto –Salmo 23–. 13

2. Título: "Salmo del pastor" 15

3. El pastor y su cuidado 27

4. Delicados pastos. 53

5. Restauración y justicia 65

6. Ayuda en la oscuridad. 73

7. Banquete divino 109

8. Viviendo en la presencia de Dios 121

Apéndices 127

Bibliografía en inglés 159

Bibliografía en español 161

PRÓLOGO
DEL TRADUCTOR

Entre los numerosos proyectos de literatura cristiana que el fundador de CLIE, Samuel Vila –mi padre–, se había fijado a lo largo de su vida, su favorito era una versión española de la *opus magna* de su admirado maestro Charles Haddon Spurgeon, a la que el insigne predicador había dedicado veinte años de trabajo: *The Treasury of David*. Publicado originalmente en veinte tomos, –uno cada año entre 1865 y 1885–, este comentario a los salmos ha sido, hasta el día de hoy, valorado y apreciado como el trabajo más completo y excelente jamás escrito sobre el salterio hebreo. Pues el justamente llamado «príncipe de los predicadores», lejos de limitarse a sus propias exposiciones, recopiló para cada salmo las exégesis, pensamientos y comentarios de los mejores pensadores cristianos de todos los tiempos, mayormente de escritores puritanos, pero sin olvidar a los reformadores, a los Padres de la Iglesia, ni a sus propios contemporáneos hasta finales del siglo XIX.

Por desgracia, la época turbulenta que a mi padre le tocó vivir en España, la Guerra Civil y la posterior etapa de intolerancia religiosa, limitaron sus posibilidades de completar en vida este proyecto gigantesco. Tuvo que contentarse con un breve resumen de algunas exposiciones de cada salmo que, publicadas en dos tomos, fueron muy bien recibidas y apreciadas en el mundo de habla hispana. Pero, a decir verdad, apenas alcanzaban a ser unas pinceladas de lo que es EL TESORO DE DAVID en su versión original.

Cuando el Señor lo llamó a su presencia en 1992, y me correspondió recoger de su mano el testigo para seguir avanzando con la antorcha de la editorial CLIE, me prometí a mí mismo dedicar parte de mi tiempo a lograr que este sueño suyo se hiciera realidad y que los pueblos hispanos tuvieran un día libre acceso, no solo a unas pocas, sino a todas las galerías que albergan este inmenso "tesoro". Que pudieran abrir todos y cada uno de los cofres, extasiarse con la calidad y finura de su oro, y adornarse con sus incomparables e inagotables joyas.

Pero las tensiones inevitables del día a día, propias de la dirección ejecutiva de una editorial, sumadas a mis constantes viajes para participar en seminarios y conferencias, acaparaban la totalidad de mi tiempo; y el proyecto se iba posponiendo, año tras año. Hasta que el Señor me mostró con claridad, por circunstancias de la vida, que había llegado la hora de sentarme quietamente *"junto a aguas de reposo"* y dedicar el tiempo y las fuerzas que me restan a otra clase de labor. Y tomé la decisión de centrar por entero mis esfuerzos en completar la traducción al español del texto íntegro de EL TESORO DE DAVID en un lenguaje que, sin restar un ápice de su belleza literaria, lo hiciera asequible a las formas de comunicación de nuestra sociedad actual. Y añadiendo, en notas al pie, otros comentarios importantes sobre los Salmos, principalmente de los Padres de la Iglesia; información sobre autores, personajes y hechos mencionados; las citas y referencias bíblicas que no figuran en la edición inglesa; y todas aquellas aclaraciones y explicaciones que he considerado precisas y necesarias para hacer su lectura más fácil y comprensible a cualquier nivel cultural.

Puedo decir que a medida que avanzaba en el trabajo me iba sintiendo cada vez más deslumbrado y extasiado por la magnitud de las riquezas espirituales acumuladas en esta obra singular. Cada pepita de oro que arrancaba de su veta, cada gema que sacaba de su arquilla, me aportaban a nivel personal tanto bien espiritual y me infundían tanto aliento y consuelo, que en más de una ocasión me vi obligado a interrumpir el trabajo para secarme las lágrimas y dar gracias a Dios por el Tesoro de su Palabra.

Pero esta misma emoción hacía que me sintiera embargado por un sentimiento de frustración cada vez más profundo. El trabajo era inmenso y agotador. Me daba cuenta de que completar la totalidad de los ciento cincuenta salmos me tomaría varios años. Y me dolía que algo que a mí me había hecho tanto bien, tardara tanto tiempo en llegar a los demás. Como le sucedía a Pablo, mi espíritu se enardecía, pensando que pasarían años antes de completar la totalidad de la obra y poder hacerla asequible. Por otra parte, la extensión de la misma haría imposible publicarla en un solo volumen, como hubiera sido mi deseo para hacerla más accesible. Tendrían que ser, como mínimo, dos tomos y de gran tamaño. Finalmente, junto con el equipo de CLIE, encontramos una apropiada solución: «Hagamos una selección de los salmos principales, los más conocidos, leídos y utilizados en la predicación, y con ellos saquemos a la luz lo antes posible el primer tomo, a la espera de completar lo restante del salterio en un segundo tomo. De esta manera los pastores podrán disponer de la parte esencial, sin tener que esperar a completar la totalidad de la obra».

El trabajo se encuentra ya en fase muy avanzada. La salida al mercado del primer tomo con los 61 salmos principales está prevista para finales del 2015. Y consideramos que ha llegado el momento de dar a conocer la labor realizada publicando, a modo de primicia, uno de los salmos, a fin de que nuestros lectores puedan comprobar por sí mismos la magnitud del trabajo. ¿Y qué salmo podíamos elegir para ese fin sino el Salmo 23, el *"salmo del Pastor"*? Confiamos en que su lectura, además de serles de bendición, les brinde una muestra del trabajo que estamos llevando a cabo y de lo que va a ser la obra completa cuando podamos ofrecerles, a este mismo nivel, no uno, sino todos y cada uno de los 150 salmos del salterio.

La labor exhaustiva llevada a cabo por Spurgeon, añadiendo a sus propias exposiciones sobre cada salmo lo mejor de otros grandes autores, ciertamente es monumental. La esposa del insigne predicador afirmó en una biografía que si *El Tesoro de David* hubiera sido lo único que Spurgeon hubiera escrito a lo largo de su vida, ya ésto hubiera valido la pena, pues se trata de un monumento literario permanente y de incalculable valor. Estoy plenamente de acuerdo. Mi padre inició la insigne labor de traducirlo al español, y aunque, a causa de las dificultades propias de su época y a su intensa actividad pastoral y misionera, no alcanzó a culminar su propósito, su vida también valió la pena. Si yo logro completar su traducción al español y hacerlo asequible en versión íntegra en el mundo hispano, mi labor también habrá valido la pena. Será mi mejor aportación y mayor legado a la literatura cristiana.

Eliseo Vila
Presidente de la Editorial CLIE

1
TEXTO

Jehová es mi pastor; nada me faltará.
2 En lugares de delicados pastos me hará descansar;
Junto a aguas de reposo me pastoreará.
3 Confortará mi alma;
Me guiará por sendas de justicia por amor de su nombre.
4 Aunque pase por valle de sombra de muerte,
No temeré mal alguno, porque tú estarás conmigo;
Tu vara y tu cayado me infundirán aliento.
5 Aderezarás mesa delante de mí en presencia de mis adversarios;
Ungiste mi cabeza con aceite; mi copa está rebosando.
6 Ciertamente la bondad y la misericordia me seguirán todos los días de mi vida,
Y en la casa de Jehová moraré por largos días.

Reina-Valera Revisada 1977

Versión poética:
DOMINUS REGIT ME

El Señor me gobierna y me dirige,
así nunca podrá faltarme nada,
y ya me ha establecido en un paraje
de muchos pastos, en que nada falta.

En un feliz paraje donde abundan
mullidas hierbas, y corrientes de aguas,
aguas que fortifican, que consuelan,
y que mi alma convierten y restauran.

Me condujo a las sendas deliciosas,
que a la justicia guían y a la patria,
y esto lo hizo por gloria de su nombre,
del nombre santo que mis labios cantan.

Porque Señor, si entre las negras sombras
de la pálida muerte me encontrara,
sin temer ningún mal, firme andaría,
porque tú estás conmigo y me acompañas.

Ese báculo mismo que me rige,
esa severa y saludable vara
con la que sueles piadoso corregirme,
es lo que más consuela mi esperanza.

Para mí, y a mi vista preparaste
una mesa terrible, una muralla,
que me resguarda de los enemigos,
que me persiguen con tan fiera saña.

Y mi cabeza untaste con aceite
mejor que los perfumes de la Arabia,
¡Ah! ¡Qué admirable es! ¡Cuánto bendigo
este cáliz de amor con que me embriagas!

Y espero que tu gran misericordia,
me ha de seguir cuanto mi vida alcanza,
para que habite en tu mansión divina
los venturosos días que no acaban.

Del *"Salterio Poético Español". Siglo XVIII*

2
TÍTULO:
«SALMO DEL PASTOR»

No hay título inspirado para este Salmo, y no le hace falta, porque no registra suceso especial alguno, y no necesita otra clave que la que todo cristiano puede hallar en su propio pecho.[1] Es la «Pastoral celestial» de

---

[1] Aunque el título más común y más conocido dado por la tradición cristiana al salmo veintitrés es el de "El salmo del Pastor", y bajo esta perspectiva se han publicado numerosos y excelentes libros (mencionemos dos de los más conocidos: desde *"Chiefe Shepheard"* de Samuel Smith, publicado en 1625 y muy citado por Spurgeon, hasta *"A Shepherd Looks at Psalm 23"* de Philip Keller, publicado en inglés en 1970 y del cual, traducido a numerosos idiomas, se han vendido cerca de dos millones de ejemplares); y aún admitiendo que todos ellos contribuyen de manera sustanciosa a una mejor comprensión del salmo, aclarándonos importantes detalles de la relación entre un pastor y su rebaño que de otro modo nos pasarían desapercibidos, conviene no perder de vista que el Salmo 23 no es esencialmente una exposición de cómo el Pastor ve a sus ovejas, sino más bien de cómo las ovejas ven y entienden a su Pastor. En nuestra opinión quizás resultaría, por tanto, más propio titularlo "El Salmo de la Oveja", ya que ése es, en realidad, su verdadero sentido. Al respecto consideramos muy acertada la decisión adoptada por los traductores de la versión española del libro de Keller (Editorial

David; una oda magnífica, que ninguna de las hijas del canto puede sobrepasar.² El clarín de guerra cede aquí su puesto a la flauta de la paz, el que había estado gimiendo y lamentándose anteriormente de los males del Pastor, practica y canta aquí con la mejor afinación los goces del rebaño.³ Sentado bajo un árbol frondoso, con el rebaño a su alrededor, como el joven pastor en el *Valle de la Humillación* del que nos habla Bunyan,⁴ vemos

---

Caribe, Miami, 1989), que en lugar de traducir literalmente el título inglés como "El Salmo 23 visto por un pastor", optaron por el título más amplio pero más ajustado a esta idea de *"La vida en el redil"*.

² Eclesiastés 12:4.

³ ARNOBIO EL JOVEN [Siglo v] en su *Comentario al Salmo 23* ve en él el triunfo del resucitado. «En el Salmo anterior (Salmo 22) encontramos la tribulación y los sufrimientos de la Pasión. Aquí nos deleitamos con el gozo de la resurrección». TEODORETO DE CIRO [393-458] se expresa al respecto en los siguientes términos: «Tras haber exclamado en el salmo anterior (Salmo 22) que: *"Comerán los humildes, y serán saciados; alabarán a Jehová los que le buscan; vivirá su corazón para siempre"* (22:26), y que: *"comerán y adorarán todos los poderosos de la tierra; se postrarán delante de él todos los que descienden al polvo"* (22:29), aquí en el Salmo 23 nos habla de Aquél que les ha de proporcionar esa comida llamándolo Pastor. Pues éste es el nombre con que Cristo el Señor se identificó a sí mismo. *"Yo soy el buen pastor; y conozco mis ovejas, y las mías me conocen"* (Juan 10:14). Y con ese mismo nombre se identifica también a sí mismo por boca del profeta Ezequiel: *"Y suscitaré para ponerlo al frente de ellas a un solo pastor, y él las apacentará"* (Ezequiel 34:23). Por ello, todos los que participan de los verdes pastor de salvación exclaman ahora gozosos: *"El Señor es mi pastor; nada me faltará"* (23:1).

⁴ Se refiere a JOHN BUNYAN [1628-1658], autor de *El Progreso del Peregrino*, y más concretamente a la segunda parte del mismo,

aquí a David cantando esta pastoral incomparable con el corazón tan lleno de gozo y alegría como pueda estar; suponiendo que el salmo fuera escrito en los años de su madurez, vemos aquí con certeza como su alma regresa a la contemplación de los arroyos solitarios que serpenteaban susurrantes entre los pastos del desierto, donde había morado durante los años de su juventud.[5] Ésta es

---

titulada *La Peregrina* (publicadas ambas por CLIE), donde en el capítulo 11 se cuenta como Cristiana y sus hijos, junto con Gran Corazón, al entrar en el "Valle de la Humillación", se encontraron con un muchacho que cantaba mientras apacentaba las ovejas de su padre.

[5] Aunque no se conoce a ciencia cierta la ocasión y las circunstancias en que David escribió este salmo, no parece probable que fuera en su juventud, es decir, en su época de pastor. En los versículos 5 y 6 encontramos dos expresiones: *"Aderezas mesa delante de mí en presencia de mis angustiadores; unges mi cabeza con aceite; mi copa está rebosando"*, así como la alusión a *"la casa del Señor"* que algunos entienden como una referencia al futuro templo que David tenía en mente edificar (2ª Samuel 7), aunque no necesariamente deba entenderse así, puesto que la expresión *"casa del Señor"* se utilizaba ya en épocas anteriores a David (Éxodo 23:19; Jueces 28:31; 1ª Samuel 117). Estas dos expresiones son más características del David rey que del David pastor de ovejas. Varios exégetas coinciden en pensar que el Salmo 23 tienen su origen en la época en la que David era perseguido por su hijo rebelde, Absalom, y tuvo que exilarse de Jerusalén hacia los campos de Bahurim (2ª Samuel 16:5,14). Probablemente fuera en la soledad de las noches de insomnio, mientras meditaba y daba vueltas a su desgracia, después de haberse repetido una y mil veces la pregunta: *"Dios mío, Dios mío, ¿por qué me has abandonado?"*, cuando escuchó, a lo lejos, el tañer de los cencerros de un rebaño de ovejas que le hizo recordar los tiempos de su juventud, su época de pastor (1ª Samuel 16:11; 17:15, 28, 34-36). Entonces, la paz inundó su

la perla de los Salmos, cuyo fulgor puro y suave deleita los ojos; una perla de la que el Helicón[6] no tiene de qué avergonzarse, aunque el Jordán la reclama. Se puede afirmar, de este canto deleitoso, que si bien su piedad y su poesía son equivalentes, su dulzor y su espiritualidad son insuperables.

La posición de este Salmo en el salterio es digna de mención especial.[7] Sigue al salmo veintidós, que es de modo significativo el Salmo de la cruz. Con anterioridad al salmo veintidós, no hay verdes prados ni aguas tranquilas; es tan solo después de haber leído: *"Dios mío, Dios mío, ¿por qué me has abandonado?"*, que llegamos a: *"El Señor es mi pastor"*. Es necesario que conozcamos por propia experiencia el valor de la sangre derramada,

---

alma y vino a su mente esta preciosa alegoría que le hizo exclamar: *"El Señor es mi Pastor, nada me faltará"*.

[6] Se refiere al MONTE HELICÓN, situado entre Parnaso y Citerón, en Grecia. La mitología griega lo consideraba un dios, y afirmaba que en él habitaban las musas, las diosas inspiradoras de la poesía, los cantos y las artes. Spurgeon crea aquí un hermoso contraste entre el simbolismo Helicón, máximo exponente para los antiguos de la inspiración poética, y el Jordán, símbolo de la espiritualidad y del tránsito a la otra vida. Viene a decir que el salmo veintitrés junta la más sublime poesía con la más profunda espiritualidad.

[7] La posición o situación del salmo veintitrés en el Libro de los Salmos es peculiar y significativa. Casi todos los comentaristas coinciden en que no es casual. Situado a continuación del Salmo 22, el Salmo que Jesús citó desde la Cruz y que comienza diciendo: *"Dios mío, Dios mío ¿por qué me has desamparado?"* y el salmo veinticinco, donde el salmista exclama: *"Mírame y ten misericordia de mí, porque estoy solo y afligido"*, el salmo veintitrés viene a ser como un oasis en mitad del desierto.

y veamos la espada desenvainada y levantada contra el Pastor,[8] antes de que podamos conocer y entender verdaderamente la dulzura de los cuidados del Buen Pastor.

Se ha dicho que lo que es el ruiseñor entre los pájaros lo es esta oda maravillosa entre los Salmos, porque ha cantado y sonado dulcemente en el oído de muchos afligidos en la noche de su llanto y les ha traído la esperanza de un mañana gozoso.[9] Yo me atrevo a compararlo también a la alondra, que canta cuando levanta el vuelo y sigue cantando mientras remonta los aires, y aún cuando la perdemos de vista seguimos escuchando en la distancia sus continuos gorjeos.[10] Fijémonos

---

[8] Zacarías 13:7.

[9] El salmo veintitrés expone claramente las cuatro características fundamentales de la manera en que Dios, como Pastor, cuida de nosotros sus ovejas, proporcionándonos:
PROVISIÓN: *"Nada me faltará"* (23:1,2);
DIRECCIÓN: *"Me guiará por sendas de justicia"* (23:3);
PROTECCIÓN: *"Tu vara y tu cayado me infundirán aliento"* (23:4); y
ESPERANZA: *"En la casa de Jehová moraré para siempre"* (23:5,6).

[10] Una figura bastante común entre los poetas británicos del romanticismo. Creemos que podría tratarse en este caso de una alusión a los versos del escocés Robert Burns (1759- 1796), en "Again Rejoicing Nature", sexta estrofa, donde dice: "And when the lark, between light and dark,/ Blythe awakens by the daisy's side,/ And mounts and sings on flittering wings,/ A woe-worn ghost I home-ward glide". Era una de las figuras favoritas de Spurgeon y la usaba con bastante frecuencia, como podemos comprobar en uno de sus más conocidos sermones, "Singing Saints" (Santos que cantan), sobre el salmo 34:4, predicado en el Metropolitan Tabernacle el 3 de octubre, donde repite la misma figura: "Vamos camino a la gloria, así que cantemos

en las palabras finales con las que concluye: *"En la casa de Jehová moraré por largos días";* son notas celestiales, más adecuadas para las mansiones eternas que para las tristes moradas que habitamos aquí bajo las nubes. ¡Quiera Dios que al leerlo y meditarlo seamos capaces de entrar verdaderamente en el espíritu de este salmo. Si lo logramos, tendremos la absoluta certeza de que viviremos la experiencia de los días del cielo aquí en la tierra! C.H. SPURGEON.

Estructura: C.H. Spurgeon no incluye en su texto un bosquejo para este salmo. En su defecto hemos considerado oportuno transcribir el de J. R. Litleproud, que el gran comentarista del siglo XX William MacDonald cita en su comentario como: "tan bueno que sería difícil mejorarlo":

El secreto de una vida feliz: toda necesidad es suplida. (23:1-3)
«Jehová es mi pastor; nada me faltará».

El secreto de una muerte feliz: todo temor es quitado. (23:4-5)
«Aunque ande en valle de sombra de muerte,
no temeré mal alguno, porque tú estarás conmigo».

---

mientras completamos nuestra jornada, y como canta la alondra cuando remonta el vuelo, batiendo sus alas al compás de su música y aumentando su canto conforme sube por los aires, que así suceda con nosotros en nuestro ascenso hacia las puertas del cielo: cada día un salmo, cada noche una marcha que se ha completado y que nos acerca al hogar; más cercanos a la música del cielo y con mayor capacidad para imitarla".

El secreto de una eternidad feliz: todo deseo es cumplido. (23:6)

«Ciertamente el bien y la misericordia me seguirán todos los días de mi vida, y en la casa de Jehová moraré por largos días»

Todo el salmo: David no dejó entre sus escritos un legado más dulce que este corto y emotivo salmo veintitrés. Es como una mirada fugaz al interior de su alma; como cuando caminamos por una calle bajo el intenso frío del invierno y, de pronto, alguien abre delante de nosotros la puerta de entrada de una casa; por unos instantes, contemplamos la luz amarillenta de un fuego chispeante en la chimenea, niños que corren alegres para dar la bienvenida al recién llegado, y escuchamos el dulce sonar de música en el interior; pero cuando la puerta se cierra, de nuevo nos quedamos sumidos en la oscuridad de la noche callejera. Sin embargo, lo que nuestros ojos han contemplado, nuestros oídos han escuchado y nuestro corazón ha imaginado, no desaparece de inmediato; la puerta no se cierra en nuestra mente con la misma rapidez que lo hace en el mundo físico, de golpe, sino que las imágenes y sonidos que hemos visto y oído permanecen. Lo mismo sucede con este salmo: pese a no ser más que una mirada fugaz al alma del salmista, el sentimiento de consuelo y paz que emana de él permanece en nuestro corazón para siempre.

El salmo veintitrés es el ruiseñor de los salmos; pequeño en su tamaño, modesto en su plumaje; tímido y retraído en su comportamiento, canta en la oscuridad; pero ¡oh! cuando canta llena todo el espacio a su alrededor con su alegre y gozosa melodía, más allá de lo que el corazón humano puede concebir. ¡Bendito sea el día en que este salmo fue escrito!

¿Qué diríais de un mensajero divino que viajara constantemente alrededor de la tierra, cantando una extraña melodía que al ser escuchada por alguien, le hiciera olvidar todas sus penas? Pues así es como ese ángel divino, que es el salmo veintitrés, circula sin cesar de un lugar a otro; cantando su melodía en un lenguaje que todo pueblo y nación puede entender; y barriendo con el aire de los movimientos de su lengua, manejada por el poder de Dios, todo tipo de angustia y tristeza. ¡Contempladle con admiración! Este peregrino que Dios ha enviado para que cante su lírica en todos los idiomas del globo terráqueo ha aliviado más dolores y pesares que toda la filosofía del mundo, y enviado de nuevo a su mazmorra más pensamientos negativos, más dudas tenebrosas y más pesadumbres lacerantes, que granos de arena hay en todas las playas del planeta. Ha fortalecido a una noble hueste de pobres y desvalidos e infundido ánimo al ejército de los desalentados; ha reconfortado a las viudas en su desconsuelo; ha tranquilizado a los huérfanos en su soledad; ha derramado el bálsamo de su consuelo en el corazón de los enfermos y levantado el ánimo de los injustamente encarcelados. Soldados moribundos se han sosegado al escuchar sus palabras; lóbregas salas de hospital se han iluminado con versos; ha entrado en las cárceles y ha roto las cadenas de muchos prisioneros, haciéndoles volar en alas de la imaginación de nuevo a sus hogares cantando una canción alegre, como el ángel hizo con Pedro. Ha hecho que el esclavo cristiano que agonizaba bajo el látigo se sintiera más libre que su dueño que le azotaba; y ha consolado a muchos próximos a partir hacia su hogar celestial en su tristeza, no de tener que partir, sino de tener que dejar aquí a sus seres amados y no poder llevarlos con ellos a la Patria celestial. Pero no acaba con esto su labor; pues seguirá cantando a nuestros hijos, y a los hijos de nuestros hijos, a lo largo de incontables generaciones; y no replegará sus alas hasta que el último peregrino se encuentre ya en lugar seguro y el tiempo no exista más. Entonces, volará de nuevo al seno de Dios, de donde partió; y desde allí seguirá entonando su melodía, donde se mezclará con los múltiples sonidos gozosos del gran musical celeste que será entonado por toda la eternidad. HENRY WARD BEECHER [1813-1887] en *"Life Thoughts"*.

El salmo veintitrés puede ser calificado con propiedad como la *bucólica*[11] de David; tal es el primor con que lo compuso, pulsando con inspiración cada una de las cuerdas de su arpa, de principio a fin. *Est Psalmis honorabilis* afirmó el rabino Aben-ezra;[12] un salmo no-

---

[11] Las BUCÓLICAS (del latín *bucolica*) son composiciones poéticas, comúnmente dialogadas, que tratan de cosas concernientes a los pastores o a la vida campestre, y conforman lo que se conoce como "*género bucólico*", que versa sobre la vida de los pastores y el paisaje que los rodea. El poeta romano Virgilio escribió en sus composiciones varias bucólicas muy conocidas en la literatura clásica. Probablemente Spurgeon se refiere a la primera de las diez bucólicas de Virgilio titulada *"Diálogo pastoril"*.

[12] Se refiere a ABRAHAM IBN EZRA, más conocido como ABEN EZRA o simplemente ABENEZRA, un rabino español nacido en Toledo en 1092; murió en su Viaje de Roma, o Rodez, a su tierra

ble, escrito y cantado por David, no cuando se hallaba en fuga escondido en el bosque de Haret,[13] como algunos eruditos hebraístas han supuesto; sino cuando, después de haber vencido a todos sus enemigos y estabilizado su reino, gozaba ya de paz y tranquilidad duradera y tenía, como se dice, un pie en los campos de batalla del cielo. En nuestros días, la mayor parte de los judíos recitan este salmo cuando se sientan a comer. JOHN TRAPP [1571-1622] en *"A commentary or exposition upon the books of Ezra, Nehemiah, Esther, Job and Psalms"*, 1657.

Se dice de Agustín que vio en un sueño cómo el salmo ciento diecinueve surgía de la tierra y se elevaba delante de él como un árbol de vida en medio del paraíso de Dios. Pues bien, el salmo veintitrés puede compararse a las más hermosas flores que crecen a su alrededor. También el salmo ciento diecinueve ha sido comparado, en relación a los demás salmos, como el sol entre las estrellas; en tal caso, ¡digamos que el salmo veintitrés es la más rica y luminosa de todas las constelaciones, incluidas las Pléyades![14] JOHN STOUGH-

---

nativa, el 23 de Enero de 1167. Sobresalió en filosofía, astronomía, medicina, poesía, lingüística y exégesis, siendo conocido y famoso por sus comentarios al texto bíblico.

[13] 1ª Samuel 22:5.

[14] En este sentido cabe decir que el Salmo 23 abarca toda una constelación descriptiva de las funciones divinas en su relación con el hombre expresadas en los distintos nombres de Dios:
1. GUIADOR. *Yahveh Ra'ah*. El Señor es mi pastor. (v.1).
2. PROVEEDOR. *Yahveh Yireh*. Nada me faltará. (v.2).
3. PROTECTOR. *Yahveh Shalom*. Me hará descansar (v.2)
4. SANADOR. *Yahveh Rafa*. Confortará mi alma. (v.3).

TON [1807-1897] en *"The Song of Christ's Flock in the Twenty-third Psalm"*, 1860.

Algunas almas piadosas se sienten turbadas porque no se ven capaces de utilizar siempre, o al menos con cierta frecuencia, el lenguaje gozoso de este Salmo. Deberían recordar que David, aunque vivió muchos años y escribió muchos salmos, no escribió más que un único salmo con las características del veintitrés. Algunas de sus otras odas muestran, ciertamente, en determinadas expresiones, una fe equivalente, igual de viva, pues la fe puede caminar en las tinieblas; pero, ¿dónde encontramos otro salmo que transmita desde su comienzo hasta su final una confianza y seguridad personal tan evidentes, un gozo tan deslumbrante y un sentimiento de triunfo tan absoluto, como el del salmo veintitrés?[15] El pueblo de Dios tiene siempre sus épocas de oscuridad y sus momentos de gozo. WILLIAM S. PLUMER [1802-1880] en *"Studies on the Book of Psalms: A Critical and Expository Commentary with Doctrinal and Practical Remarks,* 1867.

---

5. DEFENSOR. *Yahveh Tsidkenu.* Por sendas de justicia. (v.3)
6. ESTANDARTE. *Yahveh Nissi.* Tu vara y tu cayado. (v.4)
7. SANTIFICADOR. *Yahveh M'Kaddesh.* Unges mi cabeza con aceite. (v.5)
8. ESPERANZA. *Yahveh Shama.* Todos los días de mi vida. (v.6)

[15] En este sentido, CASIODORO [485-583] ve en este salmo la descripción de la experiencia del cristiano verdadero: «nacido de nuevo por el agua y el Espíritu Santo. Atrás ha dejado al viejo hombre, y ahora da gracias por haber sido guiado y conducido por la gracia del Señor desde los desiertos del pecado a la región de los verdes pastos de la fe y las aguas renovadoras y vivificantes del bautismo y el nuevo nacimiento».

3

EL PASTOR
Y SU CUIDADO

Vers. 1. *Jehová es mi pastor; nada me faltará.*
[Jehová es mi pastor; nada me faltará RVR77] [El Señor es mi pastor, nada me falta. NVI] [El Señor es mi pastor, nada me faltará. BLA]

El Señor es mi pastor. ¡Qué condescendencia y contemporización tan hermosa es ésta, que el Señor asuma hacia su pueblo el oficio y carácter de un Pastor! Debería ser en nosotros motivo de gran admiración que el Dios inmenso y eterno elija una imagen tan tierna para describir su amor y cuidado para con su pueblo.[1]

---

[1] No deja de ser interesante el hecho de que los dos principales líderes de Israel, Moisés y David, ambos fueran entrenados previamente en las artes del pastoreo físico antes de que Dios se pusiera en contacto con ellos para entregarles el pastoreo espiritual de su pueblo (Éxodo 3:1; 1ª Samuel 16:11-13; 1ª Crónicas 17:7; Salmo 78:70,71). Aunque la idea de identificar al líder o guiador con un pastor de ovejas no es exclusiva del texto bíblico, puesto que se encuentra recogida ya en algunos de los textos sumerios más antiguos. La *International Standard Bible Encyclopedia* nos dice que a Hammurabi se lo identifica como "el pastor del pueblo". Y en el *Himno al dios-Sol,* o dios de la justicia, a Utu-Shamash se lo describe como el *"pastor"*

David había sido, él mismo, pastor de ovejas; y entendía a la perfección sus necesidades y el cuidado que el pastor debe prestarles; por ello, se compara él mismo a una oveja, una criatura débil, indefensa y boba; y asume que Dios es su Proveedor, Preservador, Director; en una palabra, su Todo. Nadie tiene el derecho de considerarse a sí mismo una oveja del Señor a menos que su naturaleza haya sido regenerada, pues la Escritura no describe a los inconversos como ovejas, sino como lobos o machos cabríos. Una oveja es un animal domesticado, que tiene un dueño, no un animal en estado salvaje que vaga libre por la campiña; su propietario la valora y la cuida con esmero porque por regla general ha pagado por ella un gran precio. Es hermoso saber, con la certeza con que lo sabía David, que pertenecemos al Señor. La primera frase del salmo expresa un nivel tan elevado de confianza que no hay en ella un solo *"si"*, un *"pero"*, ni tampoco un *"espero"*; simple y llanamente David afirma con una seguridad total y

---

de los pueblos de la tierra. (Lames B. Pritchard, *Ancient Near Eastern Texts Relating to the Old Testament* (ANET), Princeton University Press, Princeton, 1950). De lo que se desprende que el término "pastor" tenía en la cultura oriental contemporánea un significado trascendente con respecto al liderazgo que iba mucho más allá del mero concepto del pastor de ovejas en el sentido físico. Jacob se refiere a Dios como a *"el Dios que ha sido mi pastor toda mi vida hasta este día... Pastor y Roca de Israel";* (Génesis 48:15; 49:24 BLA/NVI). Y al Mesías se lo identifica también como Pastor (Ezequiel 34:23-24; Miqueas 5:4); sin olvidar que el propio Jesús se describe a sí mismo como Pastor (Juan 10:11), y las epístolas van en la misma línea (Hebreos 13:20; 1ª Pedro 2:25; 5:4).

absoluta que: *"El Señor es mi pastor"*. Debemos cultivar ese espíritu de firme y garantizada dependencia en nuestro Padre celestial.² La palabra más dulce de todas es el monosílabo: «mi». David no dice: «El Señor es el pastor de mundo en general, y conduce a la totalidad de la raza humana como si fuera su rebaño», sino que afirma categóricamente: *"El Señor es mi pastor";* es decir, aunque no fuera el pastor de nadie más, sería, con todo, mi pastor personal; pues me cuida, me vigila y me guarda a mí personalmente. Los verbos están en tiempo presente, lo cual indica que, sea cual sea la situación o posición en que se halle un creyente, ahora mismo, y siempre, está bajo el cuidado pastoral de Jehová.

Nada me faltará. La frase siguiente es una deducción que se infiere de la declaración anterior, sentenciosa y positiva. En diversas circunstancias podría sentirme necesitado y carente de muchas cosas; pero cuando el Señor es mi pastor, él es capaz de proveer para todas mis necesidades; y ciertamente, esta dispuesto y deseoso de hacerlo, porque su corazón rebosa de amor y, en consecuencia, *"nada me falta".*³ En lo que respecta a *cosas temporales,* no me siento escaso de nada: ¿acaso no alimenta a los cuervos y hace crecer los lirios del campo?⁴ ¿Cómo, pues, permitirá que sus hijos pasen hambre o sufran necesidad? Y en lo que refiere a las

---

² AGUSTÍN DE HIPONA [353-429] afirma al respecto: «Una vez exclamamos *"El Señor es mi pastor"*, no nos quedan ya motivos ni argumentos razonables para seguir confiando en nosotros mismos».

³ Deuteronomio 2:7; 8:7-9.

⁴ Lucas 12:24-27.

cosas espirituales, sé que su gracia me será más que suficiente. Descansando en él, estoy seguro de que me dirá: *"Como tus días serán tus fuerzas"*.[5] Puede que no alcance a poseer todo aquello que deseo, pero *"nada me falta"*. Otros hombres mucho más ricos y sabios que yo sienten que les faltan cosas, pero a mí *"nada me falta"*. *"Los leoncillos necesitan y tienen hambre; pero los que buscan a Jehová no tendrán falta de ningún bien"*.[6] Y no tan solo *"nada me falta"* hoy, sino que *"nada me faltará"* tampoco en el futuro. Sea lo que sea que me pueda sobrevenir; aunque el hambre asole y devaste la tierra o la calamidad destruya la ciudad, a mí *"nada me faltará"*. La ancianidad, con todos sus achaques y flaquezas, no causará en mí merma ni desacomodo; ni siquiera la muerte, con toda su tenebrosidad, me hallará desposeído y desamparado. Tengo de todo en abundancia; no porque disponga de una abultada cuenta corriente y guarde grandes cantidades en un banco; no porque posea habilidades y dotes extraordinarias con las que ganarme el pan; sino porque *"El Señor es mi pastor"*. Los impíos siempre desean tener más, pero el justo nunca actúa de ese modo; el corazón del pecador siempre está insatisfecho, más el espíritu lleno de la gracia divina mora en el palacio del contentamiento. C.H. Spurgeon.

El Señor es mi pastor. De esta metáfora aprendemos que es propio de un corazón lleno de gracia sacar lecciones de provecho espiritual de su vida y condición an-

---

[5] Deuteronomio 33:25.

[6] Salmo 34:10.

teriores.[7] David había sido pastor durante un tiempo, en su juventud, y él mismo lo reconoce cuando dice: *"Yo te tomé del redil, de detrás de las ovejas"*;[8] así, habiendo sido él mismo pastor de ovejas, contempla al Señor

---

[7] La revista *National Wool Grower* publicó en diciembre de 1949 un interesante artículo del James K. Wallace sobre el salmo veintitrés titulado *The Basque Sheepherder and the Shepherd Psalm*, publicado posteriormente por la revista *Reader's Digest* en Junio de 1950 y Julio de 1980, en el que el periodista entrevista a un anciano pastor basco, Fernando D'Alphonso, residente en Nevada (USA), considerado uno de los más afamados pastores de ovejas en el estado, respaldado por un historial familiar de veinte generaciones de pastores en la Península Ibérica, y lo entrevistó sobre su visión del salmo veintitrés. Sus aportaciones son verdaderamente sorprendentes, entre ellas, la siguiente: *"Una de las funciones y preocupaciones principales de todo pastor es la de conseguir pastos para sus ovejas. Esto, las ovejas lo saben por instinto. Y en consecuencia, a diferencia de otros animales cuya función principal es la búsqueda individual de alimento para su subsistencia y la de los suyos, esto es, el instinto de la caza, las ovejas carecen de este instinto. No pasan largas horas de vigilia, al acecho, pensando qué van a comer, o dónde van a pastar mañana. Esta no es su preocupación. Por la noche, se duermen tranquilamente, en la confianza de que a la mañana siguiente el pastor las llevará con toda seguridad a donde haya comida. Y esto puede que haga que sea el pastor quien no duerma, pensando dónde llevará el rebaño a la mañana siguiente. Pero las ovejas duermen con la más absoluta seguridad"*. Cuando con frecuencia pasamos largas noches de insomnio, dando vueltas y más vueltas en la cama, pensando cómo vamos a resolver esto o aquello, cómo vamos a salir de esta dificultad o solventar este problema, deberían venir a nuestra mente estas simples palabras: *"El Señor es mi pastor, nada me faltará"*.

[8] 2ª Samuel 7:8.

en su mismo oficio. David está convencido de que fue diligente custodiando su rebaño, presto a defenderlo del león, del oso o de cualquier otro peligro y molestia, y atento en nutrirlo y abrevarlo; sabe que es lo mismo que Dios hará con él. Así lo ve también Pablo cuando exclama: *"Habiendo sido yo antes blasfemo, perseguidor e injuriador; mas fui recibido a misericordia"*;[9] y la misma reacción vemos en el anciano Jacob, cuando nos dice: *"Pues con mi cayado pasé este Jordán"*,[10] y ahora Dios me ha bendecido y multiplicado grandemente. La doctrina es clara, y las razones son éstas: ante todo, que visto a través de la verdadera gracia, no hay nada en el mundo que no pueda resultarnos útil para sacar de ello alguna enseñanza; no importa lo que sea o de qué se trate, siempre y cuando el corazón se mantenga lleno de gracia encontrará la forma de trabajarlo y sacar de ello provecho espiritual. Y en segundo lugar, que este proceso es del todo inevitable, porque quien tiene el corazón lleno de gracia es guiado por el Espíritu de Dios, y ello hace que todo lo que ve y todo lo que toca, lo vea y lo toque desde una perspectiva espiritual, que le conduce a sacar provecho espiritual de ello. SAMUEL SMITH [1588-1665] en *"The Chiefe Shepheard; or an Exposition upon ye Twenty-third Psalme"*, 1625.

Mi pastor. ¡Que este dulce apelativo persuada a Jafet[11] de morar en las tiendas de Sem!; es decir, todo

---

[9] 1ª Timoteo 1:13.

[10] Génesis 32:10.

[11] La profecía de Génesis 9:27 dice: *"Engrandezca Dios a Jafet, y habite en las tiendas de Sem, y sea Canaan su siervo"*. De los

aquél que no sabe aún lo delicioso que es verse acogido en el seno de Cristo, y que no ha alcanzado aún el privilegio de ser un cordero u oveja de su redil, considere la dulzura de ese Pastor y acuda a él de inmediato. Satanás se muestra dulce en apariencia, con tal de atraerte al pecado, pero al final derrama amargura. Cristo, por contra, parece áspero, porque desea mantenerte alejado del pecado y coloca alambradas de espino en las veredas de tu camino, pero te trata con gran dulzura si entras a formar parte de su rebaño, aún a pesar de tus pecados. Miráis al redil de Cristo y titubeáis a entrar en él, porque lo veis completamente vallado y cercado, para impedir que las ovejas que están dentro recaigan en el pecado; ¡pero no veáis en ello un inconveniente!, pues lo que Cristo desea es evitar que las ovejas vaguen y se pierdan, y si esto es a su vez lo que las ovejas desean, está bien. Si alguna vaga y se pierde, va en su busca; puede que con su perro pastor (alguna aflicción); pero él mismo nunca actuará de forma "perruna" como solemos decir, porque su trato con las ovejas siempre es dulce y delicado. Es posible que ahora Satanás se muestre amable y te sonría de modo placentero, mientras permaneces en pecado; pero bien sabes lo duro que será contigo al

---

tres hijos de Noé, Sem, Cam y Jafet, descendieron después del diluvio todas las naciones de la tierra. Génesis 10:5 dice que los descendientes de Jafet *"poblaron las costas"*, por lo que se lo ha considerado padre de las naciones europeas (las costas). De Sem descienden los semitas, es decir el pueblo judío, pueblo elegido por Dios. Parece ser que la idea de Durant en este caso es identificar a Sem con Jesús y a Jafet con los habitantes de Europa o las naciones europeas.

final; ahora te canta como una sirena, pero al final te devorará como un león; te atormentará, te afligirá y será para ti quemazón y amargura. Ven, pues ahora a Jesucristo; deja que sea pastor de tu alma; y te darás cuenta cuán dulce es que procure alejarte y guardarte del pecado antes de que lo cometas, aunque ahora te parezca amargo. Oh, que este pensamiento sobre la dulzura con que Jesucristo trata a todos los que forman parte de su rebaño, especialmente a los que pecan, persuada los corazones de algunos pecadores y decidan por fin entrar en su aprisco. JOHN DURANT, [1620-1689].

Mi pastor. El término hebreo רָעָה *râ'âh* que traducimos como *"pastor"* comprende todas las obligaciones y deberes que corresponden un buen guardián del rebaño: alimentar, guiar y defender a sus ovejas. HENRY AINSWORTH [1571-1622] en *""Psalms, The Book of Psalmes: Englished both in Prose and Metre with Annotations"* 1612.

El Señor es mi pastor. Según mi punto de vista, hay muchos motivos que explican esta comparación:

- En primer lugar, una de las cualidades del buen pastor es la de conocer y distinguir a sus ovejas; por ello suele marcarlas, a fin de que, en caso de que pastando se aparten del rebaño y se descarríen (pues las ovejas son uno de los animales más propensos a descarriarse), pueda ir en su busca, reconocerlas y conducirlas de nuevo al redil. Del mismo modo, Cristo dice con respecto a sus ovejas: *"Yo las conozco, y me siguen"*.[12] Es obvio, pues, que Aquel que *"cuenta el número de*

---

[12] Juan 10:27.

las estrellas y a todas ellas llama por sus nombres",[13] y cuenta incluso los cabellos de la nuestra cabeza,[14] tenga un cuidado especial para con sus hijos, *"las ovejas de su prado"*,[15] les proporcione todo lo que necesitan y las proteja de cualquier peligro.

- En segundo lugar, un buen pastor tiene que ser hábil en el arte del pastoreo; tiene que saber conducirlas a pastos fértiles donde puedan alimentarse y crecer sanas; un buen pastor no permite ni tolera que sus ovejas pasten en campos yermos y áridos con hierbas venenosas y putrefactas, sino que busca para ellas pastos verdes con abundante hierba sana.
- En tercer lugar, sabiendo que las ovejas tienen tendencia a descarriarse, un buen pastor nunca las pierde de vista, las observa y vigila constantemente, y si se alejan, va en su busca y las conduce de nuevo al redil; eso mismo es lo que hace el Señor en su misericordia con las almas descarriadas.
- En cuarto lugar, un buen pastor debe estar siempre dispuesto, dentro de sus habilidades y posibilidades, a alimentar a sus ovejas y proveer lo necesario para cubrir sus necesidades; el Señor está más dispuesto que nadie a proveer para las necesidades de sus ovejas. ¡Cuánto no insiste Cristo en este particular, exhortando a Pedro incluso tres veces a que apaciente a sus ovejas![16]

---

[13] Salmo 147:4.

[14] Lucas 12:7.

[15] Salmo 100:3.

[16] Juan 21:17.

- En quinto lugar, un buen pastor está equipado y preparado para defender a su rebaño; el Señor está siempre a punto y bien preparado para garantizar la seguridad y actuar en defensa de su grey, como afirma el mismo David en el versículo cuatro de este salmo: *"Tu vara y tu cayado me infundirán aliento"* (22:4); y en otro lugar: *"tomé para mí dos cayados: (dice el Señor) al uno puse por nombre Gracia, y al otro Ataduras; y apacenté mis ovejas".*[17]
- En sexto lugar, es propio de un buen pastor que si alguna de sus ovejas se muestra débil, está enferma o endeble, o si se trata de un corderito recién nacido, para seguridad y pronto restablecimiento de la misma, la lleve en sus brazos; lo mismo hace el Señor con nosotros: *"Como pastor apacentará su rebaño; en su brazo llevará los corderos, y en su seno los llevará: pastoreará suavemente a las recién paridas".*[18]

Y finalmente, un buen pastor se alegra cuando consigue recuperar una oveja perdida y conducirla de nuevo al redil. Del mismo modo, el Señor se regocija con la conversión de los pecadores: *"Habrá más gozo en el cielo por un pecador que se arrepiente, que por noventa y nueve justos que no necesitan arrepentimiento".*[19] SAMUEL SMITH [1588-1665] en *"The Chiefe Shepheard; or an Exposition upon ye Twenty-third Psalme"*, 1625.

---

[17] Zacarías 11:7.

[18] Isaías 40:11.

[19] Lucas 15:7.

El Señor es mi pastor. Observando los rebaños en el campo, he notado que algunas ovejas se mantienen cerca del pastor y le siguen adondequiera que vaya, sin la menor vacilación; mientras que otras pastan por su cuenta, van de un lado a otro, o se quedan rezagadas; por lo cual él, con frecuencia, vuelve hacia atrás a reprenderlas con un grito áspero y duro, o bien les lanza una o dos piedras para captar su atención. En cierta ocasión vi que un pastor dejó a una coja de una pedrada, algo impropio de un buen pastor. En realidad, cada vez que recorro estas hermosas colinas, repletas de rebaños, no puedo evitar pensar y meditar sobre esta bonita metáfora. El Salvador nos enseña en su Palabra que el buen pastor, cuando saca a pastar a su rebaño, se sitúa delante, y las ovejas le siguen.[20] Esto es cierto al pie de la letra; las ovejas son tan dóciles y dúctiles que siguen a su guía y guardián con toda facilidad y la mayor exactitud; y él las conduce desde su redil al lugar que estima más conveniente; y como en estas tierras hay muchos caminos, cada pastor elige uno diferente, hacia donde él sabe que hay buenos pastos. Por tanto, es importante que las ovejas aprendan a seguirlo con fidelidad y con regularidad, sin detenerse a merodear en los distintos campos que cruzan, aunque les resulten muy tentadores; puesto que si se paran en ellos y se descarrían, se meten en graves problemas; por ello, de cuando en cuando, el pastor da un fuerte grito, para orientarlas recordándoles su presencia; ellas conocen su voz y la siguen; en cambio, la voz de un extraño les

---

[20] Juan 10:4.

causa alarma, y si se repite, hace que se replieguen y huyan, porque no la reconocen. Todo esto no es parte de una bonita fábula, sino verdades de la vida real, que yo he tenido ocasión de ver y comprobar día tras día.

El pastor siempre va delante de las ovejas, tanto para indicarles la ruta como para cerciorarse de que ésta es practicable y segura; para ello, va armado y dispuesto a defender a su rebaño, demostrando en ello una enorme valentía. A menudo mientras cruzan las montañas de Palestina, se topan con animales salvajes, como le sucedió a David: *"Tu siervo era pastor de las ovejas de su padre; y cuando venía un león, o un oso, y tomaba algún cordero de la manada, salía yo tras él, y lo hería, y lo libraba de su boca; y si se levantaba contra mí, yo le echaba mano de la quijada, y lo hería y lo mataba. Fuese león, fuese oso, tu siervo lo mataba; y este filisteo incircunciso será como uno de ellos, porque ha provocado al ejército del Dios viviente."*.[21] Y a pesar de que actualmente en esos parajes ya no quedan leones, hay lobos en abundancia, y numerosos leopardos y panteras de extrema fiereza que merodean por las vaguadas y beben en los arroyuelos por los que los rebaños se ven obligados a cruzar; y muchas veces se atreven a atacar a las ovejas ante la misma presencia del pastor, que tiene que estar preparado para defenderse en cualquier momento; en repetidas ocasiones he escuchado con marcado interés y no poco deleite los relatos de los pastores de estas tierras sobre sus luchas con bestias salvajes.

---

[21] 1ª Samuel 17:34-36.

Y cuando hacen acto de presencia el ladrón y el salteador (y ciertamente lo hacen), el buen pastor con frecuencia pone su vida en defensa de su rebaño. He visto más de un caso en que el pastor ha llegado literalmente a sacrificar su propia vida en un conflicto. Durante la última primavera, entre Tibérias y Tabor, un fiel y excelente pastor, en vez de huir, hizo frente a tres beduinos que pretendían robarle y luchó contra los tres con una valentía insólita, hasta que por superioridad numérica sus adversarios le hicieron pedazos con sus alfanjes y lo dejaron muerto en medio de las ovejas que defendía.

Algunas ovejas se mantienen siempre muy cerca del pastor y son sus predilectas. Todas ellas tienen un nombre por el cual el pastor las llama cariñosamente y les proporciona raciones escogidas de hierba que recoge con este propósito. Se trata de ovejas contentas y satisfechas, que no corren el peligro de descarriarse o verse envueltas en dificultades, ya sea por el ataque de animales salvajes o de ladrones que se lancen súbitamente sobre ellas, pues al verlas cerca del pastor las dejan tranquilas, y buscan atacar a otras más alejadas. Sin embargo, la mayor parte de las ovejas va «por libre» buscando tan solo sus gustos o intereses egoístas; corren de matorral en matorral siempre detrás de algo nuevo y apetitoso, y solo de vez en cuando levantan la cabeza para ver dónde está el pastor o por dónde va el resto del rebaño, a fin de no quedarse excesivamente rezagadas y llamar demasiado la atención dentro del grupo o exponerse a una represión del pastor. Otras, son inquietas y están descontentas, saltan los vallados hacia los campos cercanos, se encaraman en los matorrales y aún en los árboles inclinados, de donde muchas veces caen y se rompen una pata. Éstas dan al buen pastor incesantes preocupaciones. WILLIAM MCCLURE THOMSON [1806-1894] en *"The Land of the Book"*, 1859.

Mi pastor. Mientras permanecíamos allí sentados, de repente las colinas silenciosas que había a nuestro alrededor se llenaron de sonidos y de vida. Frente a nosotros, los pastores comenzaron a hacer desfilar sus ovejas por las puertas de la ciudad; las teníamos al alcance de la vista, de modo que comenzamos a observarlas con atención y a escuchar sus sonidos. Miles de ovejas y cabras salieron apiñadas precipitadamente por la abertura y luego se agruparon en unas masas densas y confusas de cuerpos. Los pastores permanecieron juntos todo el tiempo mientras salían las ovejas, y cuando hubieron salido todas, las separaron, llamando cada uno a las suyas con un sonido peculiar, reconocido únicamente por su ganado, y tomando cada uno su propio camino. Por unos momentos, pareció como si la masa de cuerpos balando fuera presa de una convulsión general: cada oveja empujaba en medio de una confusión absoluta; pero, poco a poco, se fueron separando y cada una fue tomando la dirección indicada por su correspondiente pastor, formando unas hileras interminables que fluían como ríos detrás de cada líder. Todo un espectáculo que para mí fue una de las imágenes más vivas que pueda contemplar el ojo humano de lo que el Señor nos dice en uno de sus mensajes recogidos en el evangelio de Juan: *"El portero le abre la puerta, y las ovejas oyen su voz. Llama por nombre a las ovejas y las saca del redil. Cuando ya ha sacado a todas las que son suyas, va delante de ellas, y las ovejas lo siguen porque reconocen su voz. Pero a un desconocido jamás lo siguen; más bien, huyen de él porque no reconocen voces extrañas."*.[22] Ninguno de los pastores tenía el aspecto pacífico y plácido que por regla general se asocia con la vida y costumbres del pastoreo; daban más la impresión de guerreros marchando al campo de batalla: un largo rifle colgando de la espalda, una daga y abultados pistolones en el cinturón, una reducida hacha de guerra o un palo con una bola de pinchos en un extremo en su mano. Tal era su equipamiento, y sus ojos brillantes y feroces, de los que se desprendía una mirada grave, daban ha entender muy claramente que estaban dispuestos a utilizarlo con habilidad en cualquier momento. JOSIAS LESLIE PORTER [1823–1889] en *"The Giant Cities of Bashan"*, 1876.

Nada me faltará. Dejad que algunos digan: «Mis tierras me sostienen, y nada me faltará; mis mercancías serán mi sustento, y no pasaré necesidad»; dejad que el soldado confíe en sus armas y el agricultor en su trabajo; dejad que el artífice diga de su arte, el comerciante de su comercio, y el estudioso de sus libros: "Ello me sustenta, y no me falta de nada". Nosotros digamos, juntamente con la Iglesia, mientras cantamos al unísono: *"El Señor es mi guardador y mi sustentador, y nada me faltará"*. Quien sea capaz de decir esto con total sinceridad despreciará todos los demás apoyos; y quien busque y desee fuera de Dios no puede decir debidamente que el Señor es suyo, que el Señor es su pastor, su soberano y capitán;

---

[22] Juan 10:3-5 NVI.

y por tanto, no está en posición de afirmar con propiedad *"nada me faltará"*.[23] JOHN HULL [1569-1627] en *"Lectures on Lamentations"*, 1617.

Nada me faltará. Esto mismo puede traducirse con total propiedad en presente, "nada me falta"; a pesar de que en nuestra versión de la Biblia está en tiempo futuro. JOHN ROSS MACDUFF [1817-1894] en *"The Shepherd and his Flock or, The Keeper of Israel and the sheep of his pasture"*, 1866.

Nada me faltará. Es importante que sepamos distinguir entre *ausencia* e *indigencia,* o necesidad extrema. La *ausencia* es la carencia de algo que nos podría ser útil pero de lo que podemos prescindir; la *indigencia* es la necesidad de algo imprescindible que nos coloca en una situación extrema. Si tenemos que caminar y no disponemos de un cayado, podemos decir que notamos la ausencia de algo; si tenemos que caminar, y nos falta una pierna, se trata de algo de lo que tenemos extrema necesidad. En la vida de una persona buena puede haber muchas cosas ausentes, pero no experimentará necesidad de ningún bien imprescindible. Si me falta algo, pero no me es imprescindible, no es una necesidad real; quien camina sin una capa

---

[23] Dice WILLIAM MACDONALD [1917-207]: «No me faltará comida para alma o cuerpo, porque *Él me hace descansar en lugares de delicados pastos.* No me faltará refrigerio, porque *Él me pastorea junto a aguas de reposo.* No me faltará vitalidad porque *Él confortará* («restaura» BLA) *mi alma.* No me faltará dirección moral porque *Él me guía por sendas de justicia por amor de Su nombre.* No me faltará protección porque *su vara y su cayado me infundirán aliento.* No me faltará esperanza, porque *en la casa de Jehová moraré por largos días».*

o abrigo, camina perfectamente, camina sin mayores dificultades, porque no le es imprescindible. En tanto que a lo que respecta a mi vocación, bien sea general o particular, me sea posible caminar con cuidado y con alegría, a pesar de que no dispongo de todo el arsenal de accesorios y complementos de los que disponen otros, *"nada me falta"*, pues lo poco que tengo me es suficiente y me sirve para el propósito. Nuestras ambiciones y deseos desordenados siempre están deseando más, sin límite; siempre encuentras necesidades nuevas que Dios necesita atender. Lo mismo se dice de los necios, que un necio puede formular más preguntas de las que veinte sabios son capaces de responder. Santiago describe a un tipo de personas de las que se dice que piden y no reciben, y el apóstol nos da las razones para ello: su petición parte de la concupiscencia. *"Pedís y no recibís porque pedís mal, para gastar en vuestros deleites"*.[24] Dios se cerciora de que a su pueblo no le falte de nada, que no sufra indigencia ni pase necesidad; pero nunca se avendrá a satisfacer sus deleites y concupiscencias, porque no funciona así. Lo que quiere un enfermo y lo que requiere su enfermedad, a menudo son dos cosas muy distintas y a veces incluso opuestas. Vuestra ignorancia, vuestro descontento, vuestro orgullo, vuestros corazones ingratos os pueden hacer creer que el Señor os está obligando a pastar en una tierra árida, alejada de sus misericordias (de la misma manera que la depresión y melancolía pueden llevar a imaginar a una persona que se está ahogando o

---

[24] Santiago 4:3.

que la están matando); pero si Dios abre vuestros ojos, como abrió los de la esclava Agar,[25] veréis ante vosotros fuentes y arroyos de misericordias y bendiciones, que si bien no son todo lo numerosas y abundantes que desearíais, serán suficientes para vuestras necesidades, y adecuadas en todos los aspectos para vuestro beneficio y consuelo. Éste es el sentido real, hasta donde yo soy capaz de entenderlo, de esta afirmación de David: *"Nada me faltará"*. OBADIAH SEDGWICK [1600-1658] en *"The Shepherd of Israel; or, God's pastoral care over his people. Delivered in divers Sermons on the whole Twenty-third Psalme"*, 1658.

Nada me faltará. Tan solo aquel a quien le puede faltar algo está en posición de afirmar que nada le faltará; lo contrario no tendría sentido. Si me decís que a una persona justa y buena le faltan toda una serie de cosas que posee el impío, os diré que hay razón para ello; por la misma razón que podemos afirmar que, por regla general, a un carnicero no puede faltarle un texto de Homero, u otras obras de los clásicos, porque por naturaleza y disposición no hace uso de tales cosas; solamente le pueden faltar las cosas que le son imprescindibles. Al justo, solo le pueden faltar aquellas cosas que le son necesarias, y éstas no son muchas. Pero sí hay *una cosa* que le es necesaria e imprescindible; se denomina *la mejor parte.*[26] Por tanto, aunque le falten muchas cosas, nada le falta; nada hay que pueda desear que sirva para aumentar la riqueza que ya posee;

---

[25] Génesis 21:19.

[26] Lucas 10:42.

y nada que le falte o no posea puede limitarlo o hacerlo deficiente, ni llevarlo a sentirse falto de algo. Un cuerpo no se puede definir como "mutilado" a menos que haya perdido un miembro principal: solamente los defectos *privativos,* no los meramente *negativos,* desvirtúan o devalúan una cosa. Cuando decimos que nada le falta a tal o cual persona o a tal o cual objeto, queremos decir con ello que tiene todo lo que debe tener, esto es, todo lo que le corresponde y necesita; y obviamente, no nos referimos a otras cosas adicionales y superfluas que podría tener o se le podrían añadir como adorno o por mero placer; pues bien, ese tipo de cosas son las que el impío tiene de más o posee por encima del justo. Es esto lo que entendemos cuando decimos que al justo y piadoso *nada le falta,* aunque en lo que concierne a los bienes innecesarios es posible que le falte de todo y no tenga de nada; porque en lo que refiere a lo verdaderamente valioso y necesario, lo posee todo.[27] No carece de nada que sea necesario para glorificar a Dios; al contrario, puede hacerlo aún mejor en sus aflicciones y a través de ellas; ni para que Dios lo glorifique a él, y lo haga feliz; porque Dios mismo es su porción, y suple en cada momento todas sus necesidades, lo cual es y ha sido siempre del todo suficiente y sobreabundante en todos los tiempos, para todas las personas y en todas las condiciones. ZACHARY BOGAN [1625-1659].

Nada me faltará. Superar el temor a la necesidad y escasez entregándonos en manos del Buen Pastor,

---

[27] 2ª Corintios 6:10.

o hacerlo confiando en las riquezas materiales de este mundo, son dos cosas distintas y opuestas entre sí. Lo primero se le hace muy duro y difícil al hombre natural, cuando no irrazonable e imposible; mientras que lo segundo lo encuentra fácil, lógico y coherente. No hace falta, sin embargo, un argumento extenso para demostrar que el que confía en las promesas de Dios para suplir sus necesidades temporales está en posesión de un nivel de seguridad infinitamente mayor que aquellos que han acumulado grandes riquezas. Los financieros más hábiles admiten que aún en aquellas inversiones consideradas como más seguras hay que añadir siempre una cláusula que diga: "Dentro de lo humanamente posible...". Puesto que no existe, por tanto, una garantía absoluta contra la necesidad aquí en la tierra, es obvio que quien confía en Dios es mucho más sabio y prudente. ¿Quién se atrevería a negar que las promesas del Dios viviente son una garantía total y absoluta? JOHN STEVENSON [1838-1846] en *"The Lord our Shepherd: an Exposition of the Twenty-third Psalm"*, 1845.

Nada me faltará. Las ovejas de Cristo puede que cambien de pastos, pero no estarán faltas de hierba. *"¿No es la vida más que el alimento, y el cuerpo más que el vestido?".*[28] Sabiendo que Dios nos ha concedido grandes dones, ¿no confiaremos en él para cosas de menor importancia? Aquél que nos ha hecho partícipes de las cosas celestiales nos concederá también las bendiciones terrenales. Al gran Cabeza de Familia nunca le faltan provisiones en su despensa. WILLIAM SECKER [¿?-1681] en *"The Nonsuch Professor"*, 1660.

---

[28] Mateo 6:25.

Nada me faltará. En cuanto he recibido noticia de tu enfermedad y de la misericordia de Dios en sustentarte y restaurarte, he tenido intención de escribirte, para alabar a Dios juntamente contigo, mi querida hermana, y para pedirte tengas a bien dirigirme algunas palabras para fortalecer mi fe, ahora que tu copa rebosa en el momento de tu necesidad. ¿Acaso el balido de las ovejas del Mesías no exclama: *"Nada me faltará"*? ¡Nada, nada puede faltarnos, porque el Señor es nuestro Pastor! ¡Nuestro Pastor es omnipotente!; nada puede unirse a él, nada puede mezclarse con él, nada puede sumarse a su naturaleza completa y satisfactoria ni nada puede ser mermado de su plenitud. Hay en esta corta frase una paz profunda y una riqueza de expresión que tan solo las ovejas pueden comprender. El resto del salmo no es más que un desarrollo de estas simples y sencillas palabras: *Nada me faltará.* En ellas hallamos descanso, alivio, misericordia, guía y dirección, paz ante la muerte, triunfo y bendiciones rebosantes; confianza ante el futuro, seguridad eterna en la vida y en la muerte, en las luchas espirituales o materiales, en la prosperidad y en la adversidad, ahora y por toda la eternidad. ¿¡Acaso no diremos *"El Señor es mi pastor"* estando basados como estamos en el fundamento firme y seguro del salmo veintitrés!? ¿Cómo, pues, podemos carecer de algo? Cuando estamos unidos a Él, tenemos derecho a usar de todas sus riquezas. Nuestra riqueza es su riqueza y su gloria. Con Él nada nos puede ser negado. La vida eterna es nuestra, con la promesa de que todo nos será añadido; todo lo que Él sabe que necesitamos.[29] Nuestro Pastor

---

[29] Mateo 6:33.

ha aprendido por propia experiencia las necesidades de sus ovejas, porque Él mismo como *"cordero fue llevado al matadero"*.[30] ¿Acaso esta expresión, dictada aquí por el Espíritu Santo, no implica una promesa? Sí, una promesa rica y plena, cuando la relacionamos y conectamos con sus propias palabras: *"Mis ovejas oyen mi voz, y yo las conozco y me siguen"*.[31] ¡Cuánto dolor le costó ser instruido en este conocimiento, vaciándose a sí mismo y sujetándose a las necesidades de cada oveja, cada cordero de su redil, para poder entender y compadecerse mejor de sus debilidades y cargar sobre él todas sus enfermedades y dolencias?[32] Y de ese modo, ahora, las ovejas asustadizas no tienen nada que temer; no tienen por qué temer a la necesidad, no tienen por qué temer a la aflicción, no tienen por qué temer al dolor; *"no temáis"*, porque conforme sean vuestras necesidades se os suplirá,[33] pues *"mi porción es Jehová, dijo mi alma; por tanto en él esperaré"*.[34] THEODOSIA ANNE HOWARD, VIZCONDESA DE POWERSCOURT, [1800-1836] en *"Letters"*, editado por *Robert Daly* 1861.

Nada me faltará. Recuerdo el caso de uno de los miembros más pobres del rebaño de Cristo, que en los años de su vejez se vio sumido en una situación de extrema pobreza, pero nunca salió de su boca una sola queja. "Debes pasarlo fatal", le dijo tratando de solidarizarse

---

[30] Isaías 53:7.

[31] Juan 10:27.

[32] Hebreos 4:15.

[33] Filipenses 4:19.

[34] Lamentaciones 3:24.

con él un vecino de buen corazón que le encontró caminando por la calle; "debes estar en las últimas, no acabo de entender cómo podéis subsistir tú y tu mujer, y sin embargo...¡siempre estás contento y alegre!" "Oh, no —replicó el anciano—, no lo pasamos tan mal; mi Padre sigue vivo, es eterno e inmensamente rico, y cuida de nosotros constantemente, cada día". Este fiel anciano vivía dependiente, día tras día, de la providencia de su Dios. Sus aflicciones y su pobreza eran notorias y conocidas en todo el barrio; pero su firme convicción era que no le faltaba nada que le fuera absolutamente necesario; y según él, los días de peores estrecheces eran los días en los que de forma más clara y oportuna se le hacían patentes el cuidado y la provisión de su Dios. Cuando la vejez le impidió seguir trabajando, el Señor le extendió la mano de la caridad. A menudo, salía a la calle después de un exiguo desayuno, sin saber cómo, dónde ni cuándo podría conseguir su próxima comida; pero, como David, seguía confiando ciegamente en el cuidado y providencia de su Pastor, exclamando: *"Nada me faltará"*. Y ciertamente, en justa correspondencia a su confianza, de formas inesperadas y a veces inexplicables, el Señor suplió sus necesidades en todo momento. JOHN STEVENSON [1838-1846] en *"The Lord our Shepherd: an Exposition of the Twenty-third Psalm"*, 1845.

El Señor es mi pastor; nada me faltará. En el capítulo diez del evangelio de Juan, encontramos los seis distintivos de las ovejas de Cristo:

- *Conocen* a su Pastor.
- *Reconocen su voz.*

- *Le escuchan* cuando las llama por su nombre.
- Lo *aman*.
- *Confían* en él.
- Lo *siguen*.

> Mrs. Rogers autora de *"The Folded Lamb"* en *"The Shepherd's King"*, 1856.

Vers. 1-4. Acercaos unos momentos hasta el río; hay algo que vale la pena que veáis. Un pastor está ayudando a su rebaño a cruzarlo. Según la descripción que el Señor nos proporciona del buen pastor en el evangelio de Juan (Juan 10:1-16), el pastor va al frente de su rebaño y las ovejas le siguen detrás, aunque no todas del mismo modo. Algunas se meten en el agua con absoluta seguridad y atraviesan el río sin problemas; son las predilectas del rebaño; las que siempre siguen de cerca al pastor, ya sea que paseen por pastos delicados junto a aguas tranquilas, que pasten por las laderas de las montañas, o descansen al mediodía bajo la sombra de rocas gigantescas. Otras entran titubeantes y temerosas; y como se mantienen alejadas del guía, dan un paso en falso y son arrastradas por la corriente. Sin embargo, el pastor acude en su rescate y lucha por alcanzarlas, una por una, hasta conducirlas sanas y salvas a la otra orilla. Fijaos ahora en los corderitos, se niegan a entrar en el agua, y tienen que ser obligados a ello por el perro pastor que Job menciona en su lamento.[35] ¡Pobrecillos! ¡Cómo balan aterrorizados! Uno de ellos, el más débil,

---

[35] Job 30:1.

es arrastrado por la corriente y seguro que se dejará ahí la vida; pero ¡no! el pastor salta al agua y lo coge en brazos, llevándolo en su seno, tembloroso, hasta la orilla. Y ahora, una vez han cruzado y están sanos y salvos al otro lado del río, ¡qué aspecto más feliz tienen todos! Los corderitos juegan y brincan alegres, mientras las ovejas adultas se juntan de nuevo alrededor del pastor, mirándole con una expresión sumisa de gratitud. ¿Podemos contemplar una escena así sin pensar de inmediato en aquel otro Pastor que condujo a José como un rebaño;[36] y en otro río, que todas sus ovejas tienen que atravesar un día? En este caso, también él, como Buen Pastor, las ha precedido, y las ovejas de su rebaño lo siguen *sin temer mal alguno* (23:4); porque escuchan su voz diciendo: *"Cuando pases por las aguas, yo estaré contigo; y si por los ríos, no te anegarán".*[37] Con los ojos fijos en él, prácticamente no ven el arroyo, ni sienten la frialdad de las aguas o la amenaza de las olas. WILLIAM MCCLURE THOMSON [1806-1894] en *"The Land of the Book",* 1859.

---

[36] Salmo 80:1.

[37] Isaías 43:2.

4
DELICADOS PASTOS

Vers. 2. *En lugares de delicados pastos me hará descansar; junto a aguas de reposo me pastoreará.* *[En lugares de delicados pastos me hará descansar; junto a aguas de reposo me pastoreará. RVR77] [En verdes pastos me hace descansar; junto a tranquilas aguas me conduce. NVI] [En lugares de verdes pastos me hace descansar; junto a aguas de reposo me conduce. BLA]*

En lugares de delicados pastos me hará descansar; junto a aguas de reposo me pastoreará. La vida cristiana comprende dos elementos: el contemplativo y el activo; y vemos en este versículo que los dos nos son dados con abundancia y plenitud.

En primer lugar, el contemplativo: *En lugares de delicados pastos me hará descansar.* ¿Cuáles son estos *verdes y delicados pastos* sino las Escrituras de la verdad; siempre jugosas, siempre frescas, nunca agostadas?[1] En ellas no hay escasez de alimento; su hierba

---

[1] AGUSTÍN DE HIPONA [353-429] dice al respecto: «Esos pastos que el Buen Pastor ha preparado para nosotros y a los que nos ha conducido para que nos alimentemos no están formados por toda una diversidad de hierbas y plantas, unas dulces al paladar y otras notoriamente amargas, accesibles o no como

es tan larga que el rebaño puede tenderse cómodamente en ella; y nunca hay temor de morder involuntariamente las piedras del suelo. Las doctrinas del evangelio son nutritivas, dulces y abundantes; nutren las almas con la misma eficacia con que la hierba tierna nutre a las ovejas. Cuando, por fe, obtenemos descanso en las promesas de Dios, somos como ovejas que yacen en el prado, donde encontramos a la vez alimento y tranquilidad, descanso y refrigerio, serenidad y satisfacción. Pero observad bien: *"Me hará descansar";* el hebreo dice literalmente: *"Me hace recostar",* es decir, reclinar o yacer.[2] Es el Señor quien nos capacita para percibir y asimilar las verdades preciosas de su Palabra, y alimentarnos de ellas. ¡Cuán agradecidos no hemos de estar por el poder de apropiarnos de estas promesas! Hay muchas almas turbadas que darían cualquier cosa,

---

alimento dependiendo de los tiempos y las estaciones. Esos *"pastos delicados"* son la Palabra de Dios y sus mandamientos, y por tanto todos ellos sin excepción han sido sembrados con semillas dulces y delicadas. Cosa que el salmista certifica propiamente porque los había gustado, como se demuestra por otro pasaje cuando exclama: *"¡Cuán dulces son a mi paladar tus palabras! Más que la miel a mi boca"* (Salmo 119:103).

[2] *"Las ovejas"* –dice D'Alphonso en el artículo de Wallace– *pastan desde la salida del sol hasta alrededor de media mañana. Entonces se echan durante tres o cuatro horas y descansan, algo que es indispensable para su sistema digestivo como rumiantes. Por esta razón, el pastor conduce las ovejas de buena mañana a los prados más secos, donde no hay sombra, y las va trasladando, poco a poco, a medida que avanza el día, a prados más verdes, con hierba más enriquecida y con sombra para descansar. Allí las ovejas hacen su comida principal, y luego... descansan".*

el mundo entero, para conseguir paz y descanso. Conocen la bendición, pero no están en posición de decir que les pertenece; saben dónde están los *"pastos verdes y delicados"*, pero no tienen oportunidad de pastar y recostarse en ellos. Por tanto, aquellos creyentes que llevan ya años disfrutando de la *"plena certidumbre de la fe"*[3] deberían sentirse especialmente agradecidos y bendecir al Señor por ello con mayor ahínco.

En segundo lugar, el activo: *Junto a aguas de reposo me pastoreará*. La segunda parte de una vida cristiana vigorosa consiste en una actividad inspirada por la gracia. No basta con pensar, hace falta actuar. No permanecemos continuamente recostados en los prados, sino que también avanzamos, vamos progresando hacia la perfección cristiana; de ahí que leamos: *Junto a aguas de reposo me pastoreará*. ¿Cuáles son estas aguas de reposo sino las influencias y gracias que recibimos por medio del Espíritu Santo? Su Espíritu es como el agua que purifica, refresca, abona y satisface; y nos ayuda en nuestras diversas actividades. Esas son las fuentes tranquilas, *"aguas de reposo"*, porque el Espíritu Santo ama la paz y la tranquilidad, y no hace sonar trompeta sino que más bien evita todo tipo de ostentaciones cuando actúa. Puede fluir en nuestra alma y no en la de nuestro compañero, por lo que es posible que nuestro compañero no perciba la presencia divina en nosotros, por muy cerca de nosotros que esté; por tanto, pese a que el Espíritu Santo puede estar derramando torrentes de

---

[3] Hebreos 10:22.

aguas e inundando nuestro corazón, es probable que el que está sentado a nuestro lado no lo advierta.

*"En el silencio sagrado de mi mente,
encuentro el cielo, donde mi Dios está presente"*[4]

Las *"aguas de reposo"* son aguas profundas que llenan por completo el estanque y, por tanto, permanecen quietas y silenciosas; pues las cosas que mayor ruido hacen casi siempre están vacías; pocas cosas hay que hagan más ruido que un tambor, y sin embargo está completamente vacío por dentro. El silencio, ciertamente, es oro para el Espíritu Santo, pues en él es donde se encuentra con las almas de los santos. El Espíritu de Dios no conduce sus ovejas a la aguas turbulentas del antagonismo y la contienda, sino a las fuentes tranquilas del amor santo. Se representa en forma de paloma, no de águila; de un soplo, no un huracán. Nuestro Dios nos conduce junto a fuentes tranquilas, *"aguas de reposo"*, a donde no podríamos llegar por nosotros mismos porque hace falta un guía, es por ello que dice que me guía, *"me conduce"*. No nos empuja. Moisés nos empuja con la Ley, pero Jesús nos guía con su ejemplo y nos conduce atrayéndonos cariñosamente con su amor.
C.H. Spurgeon

En lugares de delicados pastos me hará descansar. Jesús, no solo tiene *"verdes y delicados pastos"* en los que yo pueda descansar, lo que prueba su habilidad; sino que además *"me conduce"*, me guía hasta ellos,

---

[4] El verso es de Thomas Carlyle [1795-1881], pensador, historiador, crítico y ensayista inglés.

lo que demuestra su bondad. No me conduce a prados áridos llenos de hierbajos secos, que hacen perder el apetito incluso antes de catarlos, con solo verlos; sino a praderas verdes y lozanas, destinadas a refrescar mis ojos con su verdor tanto como a llenar y nutrir mi estómago con su forraje; prados que solo con verlos invitan a comer por lo cautivante de su colorido. Una comida, por buena y nutritiva que sea, no resulta apetitosa si está mal presentada, mientras que una buena presentación estimula el apetito y hace que la disfrutemos con la mirada antes que con el paladar. Pero ¡ay! el verde no es más que un color, y los colores engañan; puede haber hojas verdes, abrojos verdes, juncos verdes, todas con una apariencia apetitosa, pero ¿me serían de provecho? ¿qué beneficio sacaría de ellos? No, alma mía; lo bueno está en que son *"verdes pastos",* que aportan al estómago todo aquello que prometen a la vista; y de la misma manera que por ser *verdes,* y su color me ha confortado con solo mirarlos, su hierba me refresca con solo catarla; son tan agradables a la mirada, y deleitosos al paladar como digestibles y nutritivos al estómago; hasta el punto que me parece estar en una suerte de paraíso, y me da la sensación de no desear ya nada más salvo un poco de agua para refrescarme la boca bebiendo un sorbo de cuando en cuando; pues a pesar de que las ovejas no son muy bebedoras y que los pastos donde comen sean verdes, precisan disponer de agua para beber. Ved, pues, ahora, la gran bondad de ese Pastor y lo acertado que es depender únicamente de su providencia; pues no deja que a sus ovejas les falte de nada, las conduce a arroyos, fuentes tranquilas, las guía *"junto a aguas de reposo"*. No torrentes rápidos y rugientes, donde se asustarían con facilidad, sino *"junto a aguas de reposo"*, aguas quietas, serenas, inmóviles, donde las ovejas, aunque beben poco, puedan beber sin temor. Ante eso, ¿acaso cabe hacer otra cosa que gritar entusiasmados: *"El Señor es mi pastor, nada me faltará"*? A pesar de todo, todavía podríamos encontrar en el proceso alguna "necesidad" no cubierta; ¿Es suficiente con que las conduzca a verdes y delicados pastos y las guíe a fuentes tranquilas? ¿Y si no disponen del tiempo necesario? Puede que las lleve allí, pero luego no les de tiempo suficiente para pastar y las lleve de vuelta al redil aún con el estómago medio vacío; esto, en lugar de hacerlas felices, las haría sentir aún más desgraciadas; situarlas en un lugar deleitoso y luego frustrar sus ansias no dejándolas permanecer en él. No, alma mía; la medida de la bondad del Pastor se extiende mucho más allá de todo eso. No solo las conduce a verdes y delicados pastos, sino que cuando están allí las hace *"descansar"*, hace que se recuesten en ellos; no las lleva hasta allí para hacer una comida rápida, de pie, apresuradamente, *in transita,*[5] como los israelitas comían la carne de la Pascua,[6] sin dejar de caminar, tal como los perros que beben en el Nilo; sino que hace que se recuesten en los pastos verdes y lozanos, para que puedan alimentarse

---

[5] Expresión latina que procede del texto de Éxodo 12:11 en la Vulgata: *"Sic autem comedetis illum: renes vestros accingetis, et calceamenta habebitis in pedibus, tenentes baculos in manibus, et comedetis festinanter: est enim Phase (id est, transitus) Domini".*

[6] Éxodo 12:11.

con tranquilidad y llenarse cuanto quieran, disfrutando de un descanso tan agradable como la comida misma. SIR RICHARD BAKER [1568-1645] en *"Meditations upon "Seven Consolatorie Psalms of David" namely, 23, 27, 30, 84, 103, and 116"*, 1640.

Me conduce. Nuestra forma de guiar a otros debe ser dulce y suave, de lo contrario no es *duxisti – conducir,* sino *traxisti - arrastrar* o *empujar. "Leni spiritu non durf manu"*, debe ser más bien un dulce influjo interno que los haga sentir *guiados a...;* que una fuerza exterior y extrema que los *arrastre* o *empuje hacia...* Hablando sobre los diferentes tipos y necesidades del ganado, Jacob, un hábil pastor, contestó en cierta ocasión a su hermano Esaú, (que pretendía que Jacob y su rebaño lo acompañaran a su paso de cazador) diciéndole: Mi señor sabe que el ganado que está bajo mi cuidado es muy delicado, *"que tengo ovejas y vacas paridas; y si se fatigan, en un día morirán todas las ovejas"*.[7] LANCELOT ANDREWES [1555-1626] en *"A Sermon Preached before Queen Elizabeth, at Greenwich, on the Twenty-fourth of February, A. D. MDXC"*, 1590.

Me conducirá. En circunstancias normales el pastor no *alimenta* directamente a su rebaño, se limita a conducirlo a lugares donde pueda alimentarse solo. Hay ocasiones, sin embargo, en que las cosas son diferentes; a finales del otoño, cuando los prados están secos, y en invierno cuando están cubiertos por la nieve. Entonces el pastor tiene que proporcionar comida a su rebaño, que de otro modo moriría. En los extensos bosques de

---

[7] Génesis 33:13.

robles que ocupan la parte oriental del Líbano, entre Baalbek[8] y los cedros, se juntan en esa época innumerables rebaños, y los pastores trabajan todo el día cortando ramas de los árboles para alimentar a sus ovejas y cabras con hojas y sarmientos tiernos. Esto es habitual en todas las zonas montañosas, incluso plantan y cultivan grandes bosques únicamente con este objetivo. WILLIAM McCLURE THOMSON [1806-1894] en *"The Land of the Book"*, 1859.

Me conducirá – me hará descansar. La piadosa María, sentada a los pies de Jesús, y la ajetreada Marta, en los quehaceres del hogar,[9] son un símbolo del equilibrio que debe haber entre la contemplación y la acción en la vida cristiana; ambas residen en la misma casa, y lo mismo ha de ser en nuestro corazón. NATHANAEL HARDY [1618-1670].

Me hará reposar. En las catacumbas de Roma se lee en numerosos sepulcros este corto y conmovedor epitafio: «*In Christo, in pace*» (En Cristo, en paz). Date cuenta de la presencia constante del Pastor de paz en la vida y en la muerte: *"Él me condujo y él me hizo reposar"* JOHN ROSS MACDUFF [1817-1894] en *"The Shepherd and his Flock or, The Keeper of Israel and the sheep of his pasture"*, 1866.

---

[8] Se refiere a BAALBEK, una ciudad en el Valle de Beqa'a, al noreste de Beirut. En tiempos antiguos fue una ciudad grande e importante y centro de culto de Baal, por lo que fue llamada Heliópolis por los griegos. En Baalbek se hallan algunas de las ruinas romanas más impresionantes del mundo y fue declarada patrimonio de la humanidad.

[9] Lucas 10:38-42.

Me pastoreará. El sentido del término hebreo es *"me conduce de una manera fácil y confortable"* o *"me guía con suavidad y gentileza";* es decir, como hace un médico, que a la vez que guía a su paciente, lo sustenta y lo anima. HENRY AINSWORTH [1571-1622] en *""Psalms, The Book of Psalmes: Englished both in Prose and Metre with Annotations"* 1612.

Delicados pastos. Aquí hay muchos pastos, y todos ellos pastos lozanos y jugosos, de modo que no hay temor a agotar la hierba y dejarlo asolado; aquí hay muchas corrientes, y son fuentes profundas y caudalosas, de modo que no pueden secarse. Las ovejas han comido en estos pastos desde que Cristo fundó su Iglesia en la tierra, y, con todo, están llenos aún de hierba, como siempre. Las ovejas han bebido en estas fuentes desde los tiempos de Adán y, con todo, siguen llenas a rebosar hasta el día de hoy, y seguirán estándolo hasta que las ovejas ya no necesiten usarlas, ¡porque estarán en el cielo! RALPH ROBINSON, [1614-1655], en *"Christa All in All",* 1656.

Delicados pastos...junto a aguas de reposo. Desde la cumbre del montículo de Arban, sobre el Khabour,[10] la mirada se pierde sobre una sábana de flores de todos los colores, a cual más vivo, interrumpida de cuando en cuando por alguna mancha negruzca, que son los innumerables rebaños de ovejas y camellos que pastan en la zona. A lo largo de nuestra estancia en Arban, el color de esta planicie fue cambiando constantemente.

---

[10] Se refiere al río KHABOUR, un afluente del Eufrates, que nace en las montañas del sureste de Turquía y entra en Siria fertilizando todo el territorio por donde atraviesa.

Primero, era de un amarillo dorado, pero después dominó el color una nueva familia de flores que la tiñó de un rojo escarlata, que desapareció de un día para otro dejando paso a un azul intenso. Los prados, todos ellos de un verde esmeralda, también estaban jaspeados con diversos matices de colores. Los beduinos me hicieron unas descripciones tan entusiastas de la belleza y fertilidad de las orillas del Khabour que me eran difíciles de creer, pero que han demostrado ser absolutamente verdaderas. Los árabes afirman que en el curso del año sus prados se cubren de muchos tipos distintos de hierbas, y las tribus nómadas viajan y se instalan allí durante los meses de verano en busca de esa vegetación abundante y variada donde pueden encontrar sombra y frescor, y el ganado puede alimentarse de todo tipo de hierba fresca; mientras que tan solo unos pocos kilómetros más allá, todo es árido, seco y amarillento. AUSTIN HENRY LAYARD, [1817-1894], en *"Discoveries in the Ruins of Nineveh and Babylon"*, 1853.

Delicados pastos. El salmista asocia intencionadamente la guía del Pastor hacia *"delicados pastos"* con su custodia y protección del rebaño junto a *"aguas de reposo"*. En efecto, así como solamente nos es posible recibir la Palabra a través del Espíritu, por regla general, recibimos el Espíritu a través de la Palabra; y no solo escuchándola, leyéndola o meditándola. El Espíritu de Dios, que es libre,[11] y a su vez es manantial mismo de la libertad, entra en el corazón del creyente cuando quiere y como quiere. Pero los efectos de su lle-

---

[11] Juan 3:8.

gada son siempre el cumplimiento de una promesa, el reconocimiento de un principio, la obtención de alguna gracia o la revelación y comprensión de algún misterio, siempre contenido previamente en la Palabra, y del que nos apropiamos más profundamente y más plenamente cuando el Espíritu nos toca eficazmente el corazón con su poder. THOMAS DALE [1797-1870] en *"The Good Shepherd and the Chosen Flock: shewing the progress of the sheep of Christ through the wilderness of this world to the pastures of the Heavenly Zion. An Exposition of the Twenty-third Psalm"*, 1847.

Aguas de reposo. Es decir, lo opuesto a los grandes ríos y torrentes que asustan a las ovejas con la fuerza de sus corrientes violentas,[12] y ponen en peligro su vida cuando se acercan a ellas para beber.[13] MATTHEW POOLE [1624-1679] en *"English Annotations on the Holy Bible"*, 1683.

---

[12] *"Las ovejas* –dice Wallace en su artículo– *son incapaces de beber de una corriente de agua en movimiento, por muy cristalina, pura y sana que esta sea. Esto en Palestina es un verdadero problema para los pastores, pues lo que más abunda son, precisamente, los arroyuelos. Pero aunque las ovejas estén sedientas, nunca se abrevarán en arroyos de agua corriente. El pastor tiene que encontrar un lugar donde las rocas o la erosión hayan formado una pequeña laguna y las aguas estén quietas. Si no encuentra un lugar así, con piedras o con sus propias manos forma una pared de retención para que las aguas queden más o menos quietas y las ovejas puedan beber".*

[13] Kraus se decanta por esta idea y considera «que en la expresión hebrea לְעַ puede hallarse la idea de los animales que se meten en el agua y se quedan en sitios de escasa profundidad».

Aguas de reposo. En hebreo לֵעֵיְמ הַחֲנֻמ *menûchâh mayim* "*aguas de descanso*" o "*aguas tranquilas*".[14] Como dijera Kimchi:[15] *Ex quibus diligunt oves bibere*, esto es, "de las cuales las ovejas están dispuestas a beber" porque además de ser refrescantes no representan para ellas un peligro. La doctrina del evangelio es como las aguas del estanque de Siloé,[16] que corren mansamente y son agradables al paladar.[17] JOHN TRAPP [1571-1622] en *"A commentary or exposition upon the books of Ezra, Nehemiah, Esther, Job and Psalms"*, 1657.

---

[14] Isaías 32:17-18.

[15] Se refiere al rabino DAVID O DOVID KIMCHI [1157-1236], también conocido por el nombre de David Kimhi o el acrónimo hebreo RADAK. Nacido en Narbona, (Francia), hijo de un famoso rabino y filólogo judío Yosef Kimchifue, David Kimchi uno de los más prestigiosos eruditos del hebreo bíblico en la Edad Media y autor de uno de los más prestigiosos comentarios al texto del A.T.

[16] Isaías 8:6.

[17] MATTHEW HENRY [1662-1714] dice al respecto: «Dirige a los suyos, no a las aguas estancadas, que se corrompen y recogen suciedad, ni a las aguas bravías y encrespadas del mar, sino a las aguas silenciosas de los arroyos, porque las aguas de reposo que, sin embargo, fluyen silenciosas sin cesar, son las más aptas para representar la comunión espiritual de quienes caminan sin cesar hacia Dios, pero lo hacen en silencio».

5
RESTAURACIÓN Y JUSTICIA

Vers. 3. *Confortará mi alma; me guiará por sendas de justicia por amor de su nombre.* *[Confortará mi alma; me guiará por sendas de justicia por amor de su nombre. RVR77] [Me infunde nuevas fuerzas. Me guía por sendas de justicia por amor a su nombre. NVI] [El restaura mi alma; me guía por senderos de justicia por amor de su nombre. BLA]*

Confortará mi alma. Cuando el alma está afligida, él la restaura; cuando peca, la santifica; cuando es débil, la corrobora; esto es lo que él hace. Sus ministros no podrían hacerlo sin su intervención. La Palabra no basta por sí sola. *"Él" confortará mi alma,* la restaurará y le infundirá nuevas fuerzas. ¿Sentimos que la gracia ha decaído en vosotros? ¿Que nuestra espiritualidad está en su punto más bajo, en su nadir? El que puede dominar las mareas y transformar el reflujo en una inundación puede también fácilmente restaurar nuestra alma. Pídele, pues, su bendición: "¡Restáurame, Pastor de mi alma!".

Me guiará por sendas de justicia por amor de su nombre. El cristiano se deleita en ser obediente, pero su obediencia debe ser la obediencia del amor, a la que es impulsado y constreñido por el ejemplo de su Maestro: *"Porque el amor de Cristo nos constriñe".[18]* *"Me guiará",* la obediencia del cristiano no consiste en cumplir unos mandamientos y excluir otros; no se trata de elegir a gusto, sino de obedecerlos todos. Reparad, también, en el uso del plural en la frase *"por sendas de justicia".* Sea cual sea la labor que Dios nos encomiende, podemos llevarla a cabo guiados por su amor. Algunos cristianos pasan por alto y no valoran lo suficiente el beneficio de la santificación, que es para el corazón regenerado uno de los dones más dulces del Pacto. Si pudiéramos ser salvos de la ira de Dios pero quedáramos como pecadores impenitentes y no regenerados, no obtendríamos la salvación que deseamos, porque lo que buscamos y anhelamos, ante todo, es ser salvos *del* pecado y conducidos por caminos de santidad. Y esto Dios lo lleva a cabo por gracia, *"por amor de su nombre".* Es en honor de nuestro gran Pastor que seamos un pueblo santo que camina por la senda estrecha de la justicia. Por tanto, si él ha elegido guiarnos y conducirnos de un modo tan maravilloso, no podemos por menos que alabar y adorar el cuidado que nuestro Pastor celestial tiene de nosotros, y no debemos fallar en ello. C.H. Spurgeon.

Confortará mi alma. Los temas que trata este versículo de una manera práctica o experimental son:

- Primero: La tendencia del creyente a caer o desviarse dentro del redil de la Iglesia. De lo contrario, ¿qué necesidad tendría de ser *"restaurado"*?

---

[18] 2ª Corintios 5:14.

- Segundo: La prontitud con que el Buen Pastor acude en su auxilio: *"restaura mi alma"*.
- Tercero: El cuidado y atención subsiguiente de Cristo tras la restauración: *"me guiará por sendas de justicia"*, le devuelve al redil.

Cuarto: El motivo o razón por la cual realiza todo esto: es decir, la espontaneidad, la supremacía y la omnipotencia de la gracia; lo hace *"por amor de su nombre"*. THOMAS DALE [1797-1870] en *"The Good Shepherd and the Chosen Flock: shewing the progress of the sheep of Christ through the wilderness of this world to the pastures of the Heavenly Zion. An Exposition of the Twenty-third Psalm"*, 1847.

Confortará mi alma. La misma mano que nos ha salvado de la ruina y la perdición nos conforta luego y restaura de cualquier subsiguiente aberración. Dios, incluso cuando nos corrige, lo hace con ternura; la misma voz que reprende diciendo: *"Han torcido su camino, de Jehová su Dios se han olvidado"*[19] invita a continuación diciendo: *"Convertíos, hijos rebeldes, y sanaré vuestras rebeliones"*. Y esa voz no es desoída, sino correspondida con el grito de: *"He aquí nosotros venimos a ti, porque tú eres Jehová nuestro Dios"*[20] *"Mi corazón ha dicho de ti: Buscad mi rostro. Tu rostro buscaré, oh Jehová"*.[21] JOHN THORNTON [1776-1841] en *"The*

---

[19] Jeremías 3:21.

[20] Jeremías 3:22.

[21] Salmo 27:8.

Shepherd of Israel: a practical Exposition and Improvement of the Twenty-third Psalm", 1826.

Confortará mi alma. Él restaura mi alma, negra y hedionda por el pecado, a su pureza original, pues de lo contrario ¿qué sentido tendría estar en pastos *verdes* con un alma *negra?* La restaura a su estado original en lo referente a los afectos, que habían sido deformados por la violencia de las pasiones; pues ¿qué sentido tendría estar en aguas *tranquilas* con un espíritu *turbulento?* La restaura a la vida, después de haber estado muerta; y ¿quién es capaz de *restaurar mi alma* a la vida fuera del Buen Pastor, que da su vida por sus ovejas? Sir Richard Baker [1568-1645] en *"Meditations upon "Seven Consolatorie Psalms of David" namely, 23, 27, 30, 84, 103, and 116"*, 1640.

Confortará mi alma. La restaurará, la convertirá, haciendo que se vuelva no solo del pecado y la ignorancia, sino también de toda esperanza engañosa y todo refugio falso. *"Me guiará por sendas de justicia";* por las sendas de la justicia imputada, adornadas por los árboles de la santidad, regadas por los manantiales del consuelo, y que siempre culminan en descanso eterno. Puede que alguien se pregunte por qué doy este sentido de aplicación a este pasaje, y se diga ¿acaso no podría tratarse de las sendas del deber y los caminos de nuestra obediencia? No; simplemente porque los elementos que aquí se mencionan, no derivan, ni pueden derivar nunca de un deber nuestro. El cumplimiento del deber no conduce a *"delicados pastos",* sino más bien a un páramo árido y desolado; no transporta a *"aguas de reposo",* sino a un río turbulento de corriente violenta y desordenada; y no transmite paz y consuelo cuando atravesamos el Valle de Sombra de Muerte. El otorgar estas bendiciones es función del Cristo exaltado, y únicamente prerrogativa de su obediencia. JAMES HERVEY [1714-1758] en *"Meditations and Contemplations"*, 1789.

Confortará mi alma. En hebreo *"traerla hacia atrás"*, regresarla, restaurarla, reconducirla, bien sea:

1. De sus errores o descarríos; o,
2. De nuevo al cuerpo del cual se estaba alejando y con ello desfalleciendo poco a poco. Él me revive y me conforta. MATTHEW POOLE [1624-1679] en *"English Annotations on the Holy Bible"*, 1683.

Sendas de justicia. ¡Ay, Señor!, estas *"sendas de justicia"* son ya desde hace tiempo tan poco frecuentadas que los vestigios que quedan de ellas apenas resultan visibles, se hace difícil encontrarlas; y aún si las encontramos, son tan estrechas y llenas de rodadas que, a menos que contemos con la ayuda de un guía, se hace imposible transitar por ellas, a riesgo de caer o extraviarse.[22] Ni siquiera los ángeles más excelsos lograron mantenerse en ellas y, al carecer de guía, se desviaron y perecieron. Por tanto, oh, Gran Pastor de mi alma, así como te has complacido por tu gracia a conducirme a ellas, dígnate, por la misma gracia, a guiarme por ellas;

---

[22] AGUSTÍN DE HIPONA [353-429], en un sermón sobre el Salmo 23 (366), dice en referencia a esto: «Por los senderos angostos y estrechos de su justicia, por los que pocos caminan; y los que lo hacen, lo hacen no por sus méritos propios, sino *"por amor de su nombre"*».

de lo contrario, aunque en ellas mismas sean *"sendas de justicia"*, para mí se convertirían en sendas de error. SIR RICHARD BAKER [1568-1645] en *"Meditations upon "Seven Consolatorie Psalms of David" namely, 23, 27, 30, 84, 103, and 116"*, 1640.

Sendas de justicia. En la selva y en el desierto no hay sendas marcadas, salvo algunas tenues huellas esporádicas, que a menudo se cruzan y entrecruzan unas sobre otras o desaparecen repentinamente, reaparecen y finalmente todas van al mismo lugar. No hay duda de que es a esto a lo que se refiere el salmista cuando en este salmo veintitrés menciona el concepto *guiar por sendas de justicia,* que conducen todas al mismo punto. JOHN GADSBY [1809-1893] en *"My Wanderings"* 1860.

Sendas de justicia. Cristo camina delante del rebaño,[23] como el pastor, y con sus huellas va trazando el camino, para que las ovejas pisen donde él ha pisado. ORÍGENES DE ALEJANDRÍA [185-254].

---

[23] *"En Palestina,* –dice el artículo de Wallace– *las ovejas no pastan libres, por su cuenta, como en otros lugares, sino que forman líneas de pasto. Cada oveja ocupa un lugar en la línea de pasto por la mañana y mantiene la misma posición en la línea durante todo el día. Solo abandona su posición en un momento determinado del día en el que deja su puesto y se acerca a donde está el pastor. Éste, extiende su mano, le restriega la nariz y los oídos, le rasca la cabeza y le susurra unas palabras de afecto. La oveja se frota contra la pierna del pastor o si está sentado le frota su cara con el hocico. Después, regresa exactamente a su puesto y sigue pastando. Y este ritual se reproduce, a lo largo del día, con todas y cada una de las ovejas que forman el rebaño".*

Por amor de su nombre. Habiendo adoptado el *"nombre"* de *"Buen Pastor"*, hará honor al mismo y cumplirá su cometido, no importa cómo sean las ovejas. Pues, no porque sean ovejas díscolas y rebeldes, él va a dejar de ser el *"Buen Pastor"*, sino que seguirá siendo "bueno" y, a pesar de la rebeldía de las ovejas, continuará realizando su tarea de Pastor, en honor a su *"nombre"*.[24] De este modo, aunque las ovejas, debido a su actitud, no saquen provecho de ello, a él le corresponderá la gloria; y *"su nombre"* será magnificado y exaltado de todas formas. SIR RICHARD BAKER [1568-1645] en *"Meditations upon "Seven Consolatorie Psalms of David" namely, 23, 27, 30, 84, 103, and 116"*, 1640.

---

[24] Puesto que la palabra hebrea שֵׁם *shêm* significa *nombre, título, categoría, fama,* varios eruditos piensan que la traducción más correcta de la palabra en esta caso es *título*, lo que daría lugar, en lugar del tradicional *"por amor de su nombre"*, a traducir *"como exige su título"* o *"como demanda su profesión de pastor"*. Tal es la opinión de Luis Alonso Schökel, que traduce de ese modo: *"Repara mis fuerzas; me guía por senderos oportunos como pide su título"*. Y esa parece ser también la opinión de Sir Richard Baker.

6

AYUDA EN LA OSCURIDAD

Vers. 4. *Aunque ande en valle de sombra de muerte, no temeré mal alguno, porque tú estarás conmigo; tu vara y tu cayado me infundirán aliento.*
[Aunque pase por valle de sombra de muerte, no temeré mal alguno, porque tú estarás conmigo; tu vara y tu cayado me infundirán aliento. RVR77] [Aun si voy por valles tenebrosos, no temo peligro alguno porque tú estás a mi lado; tu vara de pastor me reconforta. NVI] [Aunque pase por el valle de sombra de muerte, no temeré mal alguno, porque tú estás conmigo; tu vara y tu cayado me infunden aliento. BLA]

Aunque ande en valle de sombra de muerte,[1] no temeré mal alguno, porque tú estarás conmigo; tu vara

---

[1] La traducción que tanto la versión inglesa King James como la española Reina-Valera y algunas otras hacen de la palabra hebrea צַלְמָוֶת *tsalmâveth* en este versículo, y algunos otros pasajes (Salmo 44:19), por *"valle de sombra de muerte"*, va más allá del sentido literal de la propia palabra, que significa "densa oscuridad". La propia Reina-Valera la traduce en otros pasajes como "tinieblas" (Amós 5:8; Isaías 9:2). Por ello la NVI y otras versiones más actuales se inclinan por traducir *"por valles te-*

y tu cayado me infundirán aliento. Este versículo delicioso, de una belleza incomparable, ha sido cantado por muchos en su lecho de muerte y les ha ayudado a iluminar el valle tenebroso transformándolo en claro día. Cada expresión, cada palabra del mismo encierra un tesoro de significado.

Aunque ande. Aquí vemos que el creyente no se estremece, no acelera repentinamente su paso cuando le llega la hora de morir, sino que con toda tranquilidad sigue caminando pausadamente con Dios. Andar indica el avance firme y seguro del alma que conoce bien la ruta, que sabe a ciencia cierta cuál es su fin y, por tanto, se siente segura y decide seguir el camino con calma y sosiego. Frente a la muerte, al santo no se le acelera el pulso, no jadea, no se apresura; no corre como si estuviera alarmado, pero tampoco se queda quieto como si se negara a seguir adelante; no está confuso ni avergonzado, y por tanto sigue por el valle firme y seguro andando a su paso habitual. Es importante observar también que el sentido del hebreo no dice andando *"en"* el valle, sino andando *"por"* el valle. Atravesamos

---

nebrosos". Creemos, sin embargo, que asociarla a la idea de muerte es absolutamente legítimo, y así se desprende de su uso en otros contextos del propio texto bíblico, como el caso de Job 38:17. La muerte es, sin duda, el más oscuro y tenebroso de los valles y la más densa de las tinieblas, de modo que es más que probable que la intención del salmista al utilizar esta figura fuera la de aludir directamente a la muerte. Pero conviene no centrarse exclusivamente en la idea de muerte como único sentido posible, ya que puede aplicarse perfectamente y además a otras situaciones críticas y difíciles de la vida, tanto si implican peligro de muerte como si no.

el largo y oscuro túnel de la muerte para salir a la luz de la inmortalidad. No morimos, sino que dormimos para despertar en la gloria. La muerte no es la casa, sino el pórtico de entrada; no es el destino ni la meta, sino el pasaje a la misma. Ese paso por la muerte, el salmista lo define como un valle; la tempestad arrecia y estremece las montañas, pero el valle es el lugar de quietud y, por tanto, muy a menudo las últimas horas y los últimos días del creyente suelen ser los más tranquilos de toda su carrera. La montaña es árida y oscura, pero el valle está repleto de gavillas doradas, y muchos cristianos han cosechado más gozo y sabiduría al acercarse a la muerte que a lo largo de toda su vida. Fijémonos, además, que no dice "el valle de la muerte", sino *"el valle de la sombra de muerte"*, porque la muerte ha sido derrotada, su sustancia ha sido eliminada y solo queda de ella su sombra. Alguien ha dicho que donde hay sombra tiene que haber luz en alguna parte, y ciertamente la hay. La muerte se halla junto al camino por el que hemos de transitar, y la claridad del cielo que brilla sobre ella proyecta su sombra a nuestro paso; pero con ello nos indica también que hay luz más allá; alegrémonos. Nadie le tiene miedo a una sombra; una simple sombra no detiene a un hombre en su camino, ni siquiera por un instante. La sombra de un perro no muerde; la sombra de una espada no mata; y la sombra de la muerte no puede destruirnos. Por tanto, no hay motivo para temer. C.H. SPURGEON

No temeré mal alguno. No se limita a decir que no habrá mal alguno; va incluso más allá de esta certeza y, sabiendo que Jesús ha vencido todo mal, exclama confiado *"no temeré mal alguno"*; lo que da a entender que incluso sus temores a las sombras del mal se habían desvanecido para siempre.[2] Los peores males de la vida son los que no existen salvo en nuestra imaginación; lo que más nos ha hecho sufrir es aquello que nunca nos ha sucedido, pero temíamos que nos pudiera suceder. Si no tuviéramos que afrontar más que tribulaciones reales, no llegarían a una décima parte de nuestras aflicciones presentes. Bajo el temor de una muerte experimentamos mil muertes; pero el Salmista estaba curado de la enfermedad del temor. *"No temeré mal alguno"*, ni tan siquiera al Maligno en persona;[3] no, no temeré al peor enemigo, porque lo tengo de antemano por derrotado, lo considero un adversario destruido, porque *"Tú estarás conmigo"*. C.H. SPURGEON

Tú estarás conmigo. ¡Ésta es la confianza! ¡ésta es la alegría del cristiano! *"tú estarás conmigo"*.[4] En alta

---

[2] Dice AGUSTÍN DE HIPONA [353-429] en su sermón: «Mientras permanecemos en este mundo caminamos anegados por todo tipo de vicios y presiones terrenales, que son la *"sombra de muerte"*. Dejemos por tanto que Cristo resplandezca en nuestros corazones, que alumbre los ojos de nuestro entendimiento (Efesios 1:18) con el amor de Dios, sabiendo que mientras él permanezca con nosotros, no temeremos mal alguno».

[3] CASIODORO [485-583] nos advierte que «el Diablo, con la intención expresa de que nos extraviemos desviándonos del camino trazado, nos envuelve de una niebla densa y oscura, a la vez que coloca a nuestro paso innumerables trampas, para intentar que caigamos en la muerte eterna. Pero ni la oscuridad ni las trampas deben causar temor alguno al creyente fiel y verdadero, aun cuando se vea en la necesidad de caminar por medio de ellas, siempre y cuando lo haga confiando en la misericordia divina».

[4] Es importante notar el cambio que hace aquí el salmista en el uso de los pronombres, de tercera persona a segunda persona. No dice "porque *él* estará conmigo" sino *"porque tú estarás*

mar, en medio de una pavorosa tormenta, un niño duerme plácidamente en el regazo de su madre; no está asustado porque sabe que su madre está con él, y esto le basta; así debería ser con todo creyente que sabe que Cristo está con él. *"Tú estarás conmigo";* "Tú estás conmigo, y teniéndote a ti tengo todo lo que puedo desear; consuelo perfecto y seguridad absoluta; porque tú estás conmigo".[5]

Tu vara y tu cayado. Con los cuales gobiernas y diriges el rebaño, símbolos de tu soberanía y exquisito cuidado, *"me infundirán aliento".*[6] Creeré que sigues

---

conmigo". En el momento de verdadero peligro la distancia entre el Pastor y la oveja se acorta, la relación se estrecha y se convierte en algo mucho más personal e íntimo. Ya no se trata de "el pastor" que va delante del rebaño, guiando al conjunto de las ovejas y proporcionándoles a todas pastos verdes y aguas refrescantes, sino de "mi pastor", que permanece a mi lado en los momentos difíciles para protegerme y brindarme seguridad y consuelo personal, del Buen Pastor, que si es necesario, deja las noventa y nueve en el aprisco para dedicarse única y exclusivamente a la que precisa ayuda y especial atención (Mateo 18:12-13; Lucas 15:3-7; Juan 10:11).

[5] Suponemos que Spurgeon cita aquí las palabras de algún himno o poema de la época que no nos ha resultado posible identificar. El texto original inglés dice: *"Thou art with me; I have, in having thee, all that I can crave: I have perfect comfort and absolute security, for thou art with me".*

[6] La *vara* y el *cayado* de los pastores orientales eran, con independencia de sus funciones prácticas, símbolos transmisores de la habilidad y valentía de cada pastor. Solían grabar en ellos, tallando la madera, memoria de las batallas que su propietario había librado en defensa de sus rebaño y hacían una marca por cada uno de los animales salvajes a los que

reinando con potencia; la vara de Isaí[7] continuará firme sobre mí como socorro soberano de mi alma. Muchas personas afirman encontrar mucho consuelo en la esperanza de que la segunda venida del Señor está cerca y, por tanto, no tendrán que pasar por el trance de la muerte. Ciertamente, cuando el Señor vuelva habrá algunos que *"estén vivos y permanezcan"*,[8] pero ¿acaso el escapar de la muerte implica una ventaja tan grande como para hacerla objetivo de nuestra esperanza cristiana? Quien sea realmente sabio preferirá morir, pues los que *"serán arrebatados en las nubes para recibir al Señor"* estarán en desventaja, pierden más que ganan. Perderán, de hecho, la comunión con Cristo en la tumba, algo de lo que los santos que mueren disfrutan, y se nos dice específicamente que no gozarán de ventaja ni preferencia alguna por encima de los que durmieron,

---

habían dado muerte con ellos, del mismo modo que algunos pilotos del Siglo XX pintaban en el fuselaje de sus aviones marcas por cada avión enemigo derribado. Por tal razón, eran considerados objetos muy valiosos que pasaban en herencia de padres a hijos como un emblema de casta. En base a esta idea, el salmista ve en la "vara y cayado" de su Pastor divino el estandarte de su soberanía, capaz de infundirle aliento ilimitado. Algunos han traducido *"me consuelan"* en lugar de *"me infundirán aliento"*, pero se hace evidente que este no es el sentido de la palabra hebrea נָחַם *nâcham* en el caso particular de este pasaje. Kraus se inclina por la traducción del rabino JULIAN MONGESTERN [1881-1977] que traduce *"me tranquilizan"*. La NVI parece ir en esta misma línea al traducir *"me reconfortan"*.

[7] Isaías 11:1.

[8] 1ª Tesalonicenses 4:17.

que *"resucitarán primero"*.[9] Compartamos, pues, más bien el pensamiento de Pablo cuando afirmaba que *"el morir es ganancia"*,[10] y se mostraba convencido de que *"partir y estar con Cristo, es muchísimo mejor"*.[11] Este salmo veintitrés no envejece nunca; siempre lozano, sigue siendo tan dulce a los oídos de un creyente en nuestros días como lo era en tiempos de David; por más que digan y hagan los amantes y creadores de novedades.
C.H. SPURGEON

Aunque ande en valle de sombra de muerte. Aunque Dios me mostrara una visión parecida a la de Ezequiel, un valle lleno de huesos de muertos; aunque el rey de los terrores cabalgara con gran pompa por las calles, cortando cabezas; aunque cayeran a mi lado mil, y diez mil a mi diestra,[12] yo no temería mal alguno. Aunque la muerte lanzara sus dardos fatales al pequeño círculo de aquellos que más amo y arrastrara a deudos y amigos lejos de mí, hacia las tinieblas; no temeré mal alguno. Sí, aunque yo mismo sienta que su flecha se clava en mi carne y su veneno absorba toda mi energía, dejándome sumido en la enfermedad, y me vea languidecer bajo los síntomas de la progresiva disolución de mi cuerpo, todavía no temeré mal alguno. Ciertamente, la naturaleza humana puede hundirse y desmoronarse, pero yo estoy seguro de que Aquél que conoce la flaqueza de nuestra carne, tendrá compasión y perdonará estas de-

---

[9] 1ª Tesalonicenses 4:16.

[10] Filipenses 1:21.

[11] Filipenses 1:23.

[12] Salmo 91:7.

bilidades y luchas interiores. Por mucho que tema las agonías de la muerte, en la muerte, *"no temeré mal alguno"*. El veneno de su aguijón ha sido quitado; la punta de su flecha es roma y no puede penetrar ya más que en el cuerpo; mi alma es invulnerable. Por tanto, puedo sonreír ante la lanza y observar impasible los destrozos que el Destructor inexorable está causando en mi tabernáculo terrenal; aguardando el momento feliz en que abrirá en mi cuerpo una brecha lo suficientemente ancha como para que mi espíritu, que anhela el cielo, pueda volar libre a su descanso eterno. SAMUEL LAVINGTON [1726-1807] en *"Sermons, and other discourses" Volumen 1,* 1815.

Aunque ande en valle de sombra de muerte. Viéndose a las puertas de la muerte, el Rev. Hugh Stowell,[13] le dijo a su hija: "Te quiero hablar del cielo, pues es posible que no tengamos otra oportunidad, querida. ¡Deseo que nos podamos reunir alrededor del trono de gloria como una familia, en el cielo!". Abrumada por la idea de su partida, la amorosa hija exclamó: "¡Papá, qué te hace pensar que estás en tanto peligro!". Con absoluta calma y tranquilidad, el padre replicó: "¿Peligro? ¡Ay, querida, no uses esta palabra! ¡No puede haber peligros para el cristiano, en ninguna circunstancia! ¡Todo está bien! ¡Todo está bien! ¡Dios es amor! ¡Todo está bien... bien... bien para siempre!". JOHN

---

[13] Se refiere a HUGH STOWELL SR. [1768-1865], rector de la parroquia anglicana de Ballaugh, cerca de Ramsey, en la Isla de Man y padre del famoso poeta e himnólogo HUGH STOWELL JR. [1799-1865].

Stevenson [1838-1846] en *"The Lord our Shepherd: an Exposition of the Twenty-third Psalm"*, 1845.
Aunque ande en valle de sombra de muerte. Pero, ¿cómo es posible que no sienta temor ante la muerte? ¿Cómo es posible? ¿Qué elixir lo fortalece?¿Qué amigo tiene que lo sustente y le haga compañía en aquellas regiones oscuras y tenebrosas? Pronto te contestará, para tu desgracia, que Dios estuvo con él y que, en aquellas sendas resbaladizas, se apoyó en su vara: éstos fueron los elixires que le evitaron desfallecer. Escucha bien, te desafío a ti, y a todos los cortesanos del mundo, a encontrar en vuestras juergas y festejos a un grupo de personas que compartan la misma alegría y felicidad que la que comparten los hijos de Dios. No es la cercanía de Dios lo que entristece, sino más bien su ausencia. ¡Ah!, pero tú no conoces esos consuelos, pues los extraños no participan de su alegría. Tú miras a los cristianos y piensas que es imposible que puedan ser felices, con ese semblante tan serio, con ese aspecto grave; pero ellos saben con certeza que en realidad eres tú quien no puede ser feliz, aunque sonrías, pues nadie puede ser realmente feliz mientras tiene una maldición en el alma; y saben que Dios ha hablado claramente palabras que no pueden ser mal entendidas: *"Aun en la risa tendrá dolor el corazón; y el término de la alegría es congoja";*[14] *"A la risa dije: Enloqueces; y al placer: ¿De qué sirve esto?"*[15] Escucha, cuando el corazón de un hombre carnal está a punto de dar su último latido y,

---

[14] Proverbios 14:13.

[15] Eclesiastés 2:2.

como el de Nabal, quedar como una piedra,[16] ¡con cuánta alegría, entonces, pueden mirar hacia adelante los que tienen a Dios como amigo! ¿Cuál de los valientes de este mundo se atreve a mirar cara a cara a la muerte y dirigir luego su mirada con alegría a la eternidad? ¿Cuál de ellos es capaz de colocarse bajo el brazo un haz de sarmientos o morir abrazándose a las llamas?[17] Pues esto es, precisamente, lo que puede hacer el creyente. Y más aún, puede mirar a la cara de la justicia infinita con un corazón animoso; puede oír hablar del infierno con gozo y agradecimiento; puede pensar en el día del juicio con deleite y consuelo. Por ello, desafío nuevamente al mundo entero a encontrar, entre sus alborotadores y pendencieros, a uno solo que sea capaz de hacer esto. Venid, jóvenes alocados con vuestro jolgorio; echad mano de todos vuestros instrumentos más joviales, traed todas vuestras arpas, vuestras violas, y

---

[16] 1ª Samuel 25:37.

[17] Se trata de una alusión general a los mártires y a su deseo de dar vida por su fe sin sentir temor alguno a la muerte. La referencia es a dos casos concretos que cuenta John Foxe en su "Libro de los Mártires", el de John Hooper, Obispo de Worcester y Gloucester, que murió en la hoguera el 9 de febrero de 1555, y que "cuando llegó al lugar designado para la ejecución, contempló sonriente la estaca y los preparativos. Y cuando trajeron los sarmientos para encender la hoguera, agarró dos fajos y se los puso uno debajo de cada brazo a la vez que indicaba a los verdugos la mejor manera de colocar los demás". O también el caso de Nicholas Ridley y Hugh Latimer, quemados juntos el 17 de octubre de 1555, quienes, después de haber encomendado su espíritu, murieron como si estuvieran abrazándose a las llamas.

añadidles todo aquello que penséis que puede servir para completar el concierto; escanciad vuestros mejores vinos; venid, juntad vuestras cabezas y tratad de pensar en agregar todo aquello que pueda daros alegría y consuelo. Bien, ¿ya estáis listos? Pues ahora, pecador, te digo: esta misma noche tu alma tendrá que presentarse ante Dios. Y bien, ¿qué me dices ahora? ¿cómo? ¿has perdido el ánimo? Pues llama a tus alegres compañeros de francachelas y deja que te consuelen; alarga la mano y haz que te sirvan un vaso de vino, busca los servicios de una prostituta; ¡vamos hombre, no te cortes, no te dejes intimidar! ¿Acaso puede temblar un hombre tan valeroso como tú, que se burlaba de las advertencias y amenazas del Dios todopoderoso? ¿Vas a desalentarte ahora? ¿Con lo alegre y bravucón que eras? ¿Te vas a mostrar ahora tímido y asustadizo? Antes tan jovial y dicharachero y ahora con la boca cerrada. ¡Qué cambio tan inesperado! ¿Dónde están ahora tus alegres compañeros? ¿Todos han huido? ¿Se han olvidado de ti? ¿Y tus amados placeres? ¿Te han abandonado?¿Cómo es posible que te muestres ahora tan abatido; cuando a tu lado tienes a un pobre vestido con harapos que sonríe?¿Te ves privado de consuelo? ¿Qué te pasa? ¿Qué te pasa? Quiero preguntar esto con todo mi corazón a un hombre que ha de comparecer ante Dios mañana por la mañana y cuyo corazón desfallece: ¿Qué significaban todos aquellos goces y placeres? ¿A esto han venido a parar? Será que tu corazón te ha engañado; de lo contrario, ¿cómo antes hablabas tanto de alegrías y de placeres? ¿Acaso era éste tu fin? Mira, delante de ti se encuentra uno que ahora tiene el corazón tan lleno de consuelo y fortaleza que casi no puede contenerlos; y esos mismos pensamientos sobre la eternidad que tanto aterrorizan ahora tu alma, ¡a él le levantan el ánimo! ¿Quieres saber la razón? Él sabe que va con su Amigo; es más, su Amigo ha venido a buscarlo y lo acompaña a través de esa senda oscura y tenebrosa. *"¡Mirad cuán bueno y cuán delicioso es habitar los hermanos juntos en armonía!;*[18] "Bienaventurada el alma que tiene esto; sí, bienaventurada el alma cuyo Dios es el Señor".[19] JAMES JANEWAY [1636-1674] en *"Heaven upon earth: or, the best friend, in the worst times",* 1670.

Aunque ande en valle de sombra de muerte. La oscuridad siempre es de temer, pero la oscuridad que acompaña a la sombra de la muerte es la más temible. David describe aquí la peor situación posible y la contrasta con la fe más firme, cuando dice: *"Aunque ande en valle de sombra de muerte, no temeré mal alguno",* esto es, aún en medio del peor de los temores, no sentiré temor... Estar bajo la sombra de algo es estar en cierto modo bajo su poder... por tanto, estar bajo la sombra de la muerte, implica estar bajo su poder o a su alcance, implica que la muerte puede golpear a esa persona a su gusto y arrebatarla cuando le plazca. *"Aunque ande en valle de sombra de muerte"* quiere decir, pues, que aunque tenga la muerte tan cerca que a los demás les de la impresión de que puede hacer presa de mí en cualquier momento; a pesar de que las apariencias y probabilidades de peligro extremo sean tan abrumadoras que pa-

---

[18] Salmo 133:1.

[19] Salmo 144:15.

rezca totalmente imposible el librarme de la muerte, yo *"no temeré mal alguno"*.[20] JOSEPH CARYL [1602-1673].

Aunque ande en valle de sombra de muerte. Un valle es una llanura de tierra circundada por montañas a cada lado, en las que fácilmente pueden apostarse enemigos para lanzar sus dardos sobre quien la atraviesa.[21] Esta

---

[20] ORÍGENES [185-254] comenta al respecto en sus *Selecciones:* «Andar *"en sombra de muerte"* no implica sentarse en medio de ella, sino proseguir hacia delante sin detenerse. Pues aquel que se sienta en medio de sombra de muerte queda atrapado en ella y consolidado en el mal; permanece en las tinieblas y carece de la necesaria misericordia para que la luz le ilumine y le guie a través de ellas. Pero el que evita sentarse, el que estando en *"sombra de muerte"* ni se detiene ni se apresura, sino que como dice el salmista, anda, prosigue su camino, éste no andará solo, porque el Señor andará con él y junto a él». En este sentido y partiendo de esta reflexión de Orígenes, bien cabría aplicar al *"valle de sombra de muerte"* las palabras del poeta español ANTONIO MACHADO [1875-1939] en su famoso poema que dice: «Caminante no hay camino, se hace camino al andar».

[21] Durante muchos años se creía que esta figura del *"Valle de Sombra de Muerte"* era simplemente un concepto alegórico utilizado por David para referirse a la muerte física. Sin embargo, hoy sabemos que existe entre Jericó y el Mar muerto un desfiladero conocido como "El Valle de Sombra de Muerte". Recientes investigaciones en las antiguas costumbres de los pastores hebreos han demostrado, como afirma Wallace en su artículo, que los antiguos pastores hebreos lo conocían y lo utilizaban para la trashumancia. Se encuentra situado al sur de Jericó, en dirección al Mar Muerto y tiene unos 7 Km. y medio de largo. Sus paredes de roca alcanzan en algunos lugares 500 metros de altura; y en algunas partes del camino, tiene tan solo dos o tres metros de ancho. Hay recodos en los que el espacio útil es tan estrecho, que las ovejas siquiera pueden darse la vuelta. Además, es extremadamente peligroso, porque está lleno de

era una situación muy común en Oriente; a pesar de ello, en numerosas ocasiones no quedaba más remedio que atravesarlo. El salmista nos dice, sin embargo, que al atravesarlo no sentirá temor alguno a los dardos de Satán, porque el Señor está con él. Esta figura no describe *primordialmente* y de forma simbólica, como piensan algunos, el momento de la muerte –a pesar de que encaja perfectamente con tal aplicación–, sino un valle físico, repleto de enemigos apostados en las laderas. Dios no solo habría protegido a David al cruzar por ese valle, sino que además le habría preparado en él una mesa bien surtida en presencia de sus enemigos (23:5). Aún hoy los beduinos se apuestan en las colinas que circundan los valles de Palestina para asediar a los

---

hendiduras y barrancos internos. Las condiciones climáticas del país y la situación de los pastos en Palestina hacen necesaria la trashumancia, y esto obligaba en tiempos de David, a la mayor parte de rebaños, a tener que atravesar este valle por lo menos una vez al año. Durante el día, es imposible cruzarlo debido al calor irresistible. De modo que hay que hacerlo bien al despuntar el alba o bien al anochecer, lo que aumenta sustancialmente el peligro. Aunque no había ninguna ley establecida, debido a la falta de luz, parece ser que existía el acuerdo verbal entre los pastores de que los rebaños debían atravesarlo en una dirección en las horas de la mañana, y en la otra al atardecer. El pastor usaba con gran habilidad su cayado como herramienta persuasiva para forzar a las ovejas a caminar y evitar que se acercaran al precipicio y a saltar las hendiduras; a pesar de ello, era fácil que una oveja resbalara y quedara colgada en una hendidura a dos o tres metros del camino. Cuando sucedía esto, el pastor, con su cayado, rodeaba el cuello de las ovejas grandes o el cuerpo de las pequeñas, y tiraba de ellas, levantándolas y ayudándolas a regresar al camino.

viajeros que los cruzan. JOHN GADSBY [1809-1893] en *"My Wanderings"* 1860.

No temeré mal alguno. ¡*"No temer mal alguno"* en el *"valle de sombra de muerte"* es un bendito privilegio al alcance de todo creyente! La muerte, para el cristiano, no es causa de temor, sino una liberación del dolor, de las preocupaciones, de los sufrimientos, de la miseria e infelicidad de este mundo; es la entrada a un descanso permanente, el inicio de un gozo eterno: una degustación de placeres celestiales que *"ojo no vio, ni oído oyó, ni han subido en corazón de hombre"*...[22] Y para confortar a todos los cristianos en este particular, la Sagrada Escritura llama al hecho de la muerte corporal un sueño, en el que el hombre pierde toda sensación y del cual se despierta más fresco que cuando se durmió... Para el creyente, la muerte corporal es la puerta de acceso a la vida y, por tanto, si lo consideramos debidamente, ¡no debe ser causa de terror sino de consuelo; no un mal en sí misma, antes por el contrario, el remedio de todos los males; no un enemigo, sino un amigo; no un cruel tirano, sino un guía amable que nos conduce, no a la mortalidad, sino a la inmortalidad; no a la aflicción y al dolor, sino al gozo y al placer, un gozo y un placer que han de durar por siempre! De la *"Homily against the Fear of Death"*, 1547.[23]

---

[22] 1ª Corintios 2:9.

[23] Esta *"Homilía contra el temor a la muerte"* formaba parte de los "Libros de Homilías" oficiales de la Iglesia Anglicana durante los reinados de Eduardo VI y Elisabeth I. Concretamente la Homilía 9ª del primer libro, con el título exacto *"An exhortation against the fear of Death"*. Su objetivo era el de proporcionar

No temeré mal alguno. Según un antiguo proverbio, cuando alguien había realizado una gran hazaña, se decía de él que había «agarrado al león por las barbas». Se entiende que las barbas de un león vivo, pues si se tratara de un león muerto no tendría ningún mérito, hasta los niños pueden hacerlo. A un oso, un león o un lobo muerto y tirado en la calle, los niños pueden acercarse, tirarle del pelo, insultarle, darle patadas y hacerle todo lo que quieran; pero si estuviera vivo, saldrían asustados corriendo. Algo parecido es lo que ocurre con la muerte; es una bestia furiosa, un león rugiente, un lobo devorador, un *helluo generis humani (devorador de la raza humana);* pero Cristo la ha derribado, ha dado

---

a los clérigos de la época un modelo simplificado de sermones sobre los temas principales de la vida litúrgica y las necesidades comunes de la vida cotidiana que se ajustaran teológicamente a los principios de la Reforma que había tenido lugar en Inglaterra. Thomas Crammer planteó la idea de un libro de homilías en 1539, pero no fue aprobado por el Sínodo hasta 1542. Al cabo de un año estuvo listo el manuscrito del primer libro con doce homilías, cinco de las mismas escritas por el propio Crammer, pero no fue publicado hasta 1547. Las seis primeras exponen los principios básicos de la teología protestante, básicamente la autoridad y suficiencia de la Escritura, la depravación absoluta del ser humano, la justificación únicamente por la fe [la titulada *"Of the salvation of all mankind."*] y la santificación. La séptima sobre el jurar en falso y cometer perjurio, la octava sobre el apartarse de Dios y la novena sobre el temor a la muerte; la décima es una exhortación a la obediencia, la onceava contra el adulterio y la doceava sobre las disputas y controversias. Fueron abolidas durante el reinado de María Estuardo, pero reinstauradas por Elisabeth I. En 1562-63 se publicó el Segundo Libro de Homilías, y en 1632 se hizo una edición de ambos libros en un solo volumen.

muerte a la muerte,[24] para que los hijos de Dios puedan triunfar sobre ella, y reírse de ella, como los niños juguetean con un lobo o un oso muerto.[25] Así hacían los mártires de los tiempos primitivos, que alegremente se ofrecían al fuego, a la espada, o a cualquier otro tipo de violencia de esa bestia voraz que es la muerte; y se burlaban de ella, cantando y riéndose alegremente ante sus barbas, por la fe que tenían en Cristo, que la había sujetado a sí mismo y sometido sus pies.[26] MARTIN DAY [¿?-1629] en *"Doomes-Day: Or, A Treatise of the Resurrection of the Body. Delivered in 22. Sermons on I. Cor. 15".*1636

Tú estarás conmigo. ¿Te has parado a pensar en la dulzura, la seguridad y la fuerza de ese: *"Tú estás conmigo"*? Cuando anticipando la hora solemne de la

---

[24] Entendemos que Martín Day hace aquí una alusión a la obra de su contemporáneo, el puritano John Owen y a su famosa obra *"The Death of Death in the Death of Christ: A Treatise in Which the Whole Controversy about Universal Redemption is Fully Discussed".*

[25] Dice al respecto WILLIAM MACDONALD [1917-207]: «Entra dentro de lo posible y natural que algunos cristianos contemplen la muerte con cierto temor y aprehensión cuando la asocian con los sufrimientos que tan a menudo la acompañan. En este sentido, uno de los santos de la antigüedad exclamó: «No me importa que el Señor pliegue mi tienda, ¡pero espero que lo haga suavemente!». También es verdad que normalmente no obtenemos de Dios gracia para morir hasta que la necesitamos, y eso nos desconcierta. Pero por encima de todo permanece esta verdad, que para nosotros, la muerte, ha perdido su terror, porque sabemos que morir significa ir a estar con Cristo, lo cual es mucho mejor».

[26] 1ª Corintios 15.

muerte, el alma titubea y se pregunta: ¿Cómo será?, podemos dirigir nuestros pensamientos hacia Dios y decir: "Nada hay en la muerte que pueda dañarme en tanto que tu amor no me deje"; y exclamar: *"¿Dónde está, oh muerte, tu aguijón?"*.[27] Se dice que cuando una abeja ha dejado su aguijón en alguna víctima ya no tiene más poder para dañar a otra. La muerte ha dejado su aguijón en la humanidad de Cristo y ya no tiene poder para dañar al hijo de Dios. La victoria de Cristo sobre la tumba es la victoria de su pueblo. "En ese preciso momento estaré contigo –susurra Cristo–, con el mismo brazo que se ha mostrado fuerte y fiel a lo largo del camino por el desierto, que nunca ha fallado cada vez que tú te has apoyado en él en tu debilidad". "Sobre este brazo –responde el creyente– me siento en casa; descanso sobre mi Amado con toda la confianza de mi alma; me ha sustentado a través de muchas dificultades ante las cuales me estremecía; me ha ayudado a cruzar tantos y tan profundos precipicios, que sé por experiencia que su brazo es un brazo amoroso". ¿Cómo podemos contemplar como tenebroso un trance en el cual el hijo de Dios está a punto de alcanzar el deseo anhelado durante toda su vida? ¿Cómo podemos juzgar oscuro el entrar en contacto con la luz de la vida? Su *"vara"* y su *"cayado"* me confortan, me *"infunden aliento"*. Pon a prueba, creyente, ese privilegio, que es tuyo, en este mismo instante. Dios se deleita en sustentarte en tu debilidad, en demostrarte que cuando eres débil, es cuando eres realmente fuerte; porque su poder se per-

---

[27] 1ª Corintios 15:55.

fecciona en tu debilidad.[28] El amor omnipotente de Dios tendría que desvanecerse antes de que una sola de sus ovejas llegara a perecer; porque Cristo dice: *"Nadie las arrebatará de mi mano"* y *"Yo y el Padre uno somos"*;[29] por consiguiente, podemos exclamar con total certeza y absoluta seguridad: *"Aunque ande en valle de sombra de muerte, no temeré mal alguno, porque tú estarás conmigo"* THEODOSIA ANNE HOWARD, VIZCONDESA DE POWERSCOURT, [1800-1836] en *"Letters"*, editado por *Robert Daly* 1861.

Tu vara. La *virga pastoralis*, o *verga pastoral*, (también llamada *vara* y ocasionalmente *báculo)* tiene tres usos:

- *Numerare oves*. Enumerar las ovejas, es decir, contarlas; en este sentido, leemos que *"pasan bajo la vara"*,[30] donde el pastor las cuenta una por una. Así es con el pueblo de Dios, al que llama *"la vara de su heredad"*[31] porque le presta una especial atención. Y en este sentido se entiende bien la frase. David tenía razones para afirmar, en base a su propia experiencia, *"tu vara me infunde aliento"*; es decir, aunque me hallo en peligro inminente a causa de las maquinaciones de hombres impíos, tu vara me da consuelo; a través de ella sé que no me has abandonado ni permitirás que perezca, sino que estás al tanto de mi situación y te preocupas particularmente de mí.

---

[28] 2ª Corintios 12:9-10.

[29] Juan 10:28,30.

[30] Levítico 27:32.

[31] Jeremías 10:16.

- *Provocare oves*. Cuando las ovejas negligentes o perezosas no siguen al pastor, las espolea con su vara para que apresuren el paso y se incorporen al rebaño. David había vivido en carne propia esa situación y, por ello, exclama: *"Tu vara me infunde aliento"*. Pues, ciertamente, no es poco aliento y gozo el que infunde al corazón de los hijos de Dios, el sentirse espoleados por su Pastor para que apresuren su paso lento, en ocasiones frío y formalista; y adopten una actitud más activa y ferviente en el servicio y la adoración.
- *Revocare oves*. A veces las ovejas son *petulante divagantes,* es decir, se alejan descuidadamente del rebaño para pastar solas, entrando en otros prados sin contar con los peligros que ese alejamiento del rebaño comporta. Entonces, el pastor las golpea con su vara y las reconduce, salvando así su vida. También en este sentido, David, había vivido el problema en carne propia y podía decir debidamente: *"Tu vara me infunde aliento"*. Porque es de gran aliento que el Señor no abandone a sus ovejas en medio de las dificultades, sino que las reconduzca desde los senderos de pecado por los que se han desviado y que les comportan grandes peligros y tribulaciones. Podemos decir, pues, que esta frase describe un aspecto muy particular de la dirección y el cuidado de la providencia de Dios para con su rebaño. OBADIAH SEDGWICK [1600-1658] en *"The Shepherd of Israel; or, God's pastoral care over his people. Delivered in divers Sermons on the whole Twenty-third Psalme"*, 1658.

Tu vara y tu cayado. El pastor lleva siempre consigo una vara y un cayado cuando sale a pastorear sus ovejas.[32] Con frecuencia el cayado es curvado en el extremo superior, de donde proviene el símbolo de la *virga pastoralis* o báculo pastoral de los obispos cristianos. Con este bastón dirige y conduce el rebaño en los delicados pastos y lo defiende de los enemigos en el valle. También le sirve para corregir a las ovejas desobedientes y reconducir a las que se quedan atrás o se desvían por otras veredas.[33] El cayado es un elemento

---

[32] Wallace explica que el peligro para las ovejas al atravesar el "Valle de Sombra de Muerte" no estaba únicamente en los precipicios del camino. En las cuevas del valle habitaban verdaderas jaurías de perros salvajes, cuyo objetivo no era otro que, escondidos en las sombras matutinas o nocturnas, atacar a los rebaños en busca de comida. Para proteger a las ovejas, el pastor llevaba la vara. La vara era un garrote de madera, acabado en su parte superior con una bola en la que se incrustaban fuertes pinchos. Los pastores de la antigua Palestina sabían manejarlo como arma de defensa con una habilidad verdaderamente pasmosa. Con ella ahuyentaban a estas fieras y protegían al rebaño. Las ovejas aprendían de este modo a no temer mal alguno y a cruzar el valle confiadas en la capacidad de protección de su pastor.

[33] Teodoreto de Ciro [393-458], ahondando en estas figuras espiritualizas hasta los límites, la figura de la vara y el cayado, vio en ellas la Cruz de Cristo: «*"Tu vara y tu cayado me infundirán aliento"*: Con la una sostiene mi debilidad, con el otro me guía hacia el camino recto. No creo que esté errado al aplicar esto a la cruz salvadora: pues por su signo y memoria somos liberados de los demonios hostiles y conducidos a la senda verdadera. Este es el verdadero significado en estas palabras: *"tu vara y tu cayado me infundirán aliento"*. La cruz está formada de dos maderos: con el vertical el Señor confirma y dirige a los que

inseparable de la imagen del pastor, lo mismo que el azadón lo es del labrador. WILLIAM MCCLURE THOMSON [1806-1894] en *"The Land of the Book",* 1859.

Tu vara y tu cayado me infundirán aliento. El salmista expresa su confianza incluso frente a lo desconocido. Lo vemos claramente al leer el versículo (23:4) completo: *"Aunque ande en valle de sombra de muerte no temeré mal alguno"* Aquí tenemos, sin duda, una imagen de la confianza más absoluta. Tememos lo desconocido por encima de todo aquello que podemos ver; el más pequeño ruido en la oscuridad nos aterroriza, cuando a la luz del día incluso graves peligros no nos

---

creen en él, a la vez que fortalece a los débiles; el transversal lo utiliza a modo de vara contra los demonios». CASIODORO [485-583] añade al respecto: «La vara denota la justicia y fortaleza de nuestro Señor y Salvador, como leemos en otro salmo: *"Cetro de justicia es la vara de tu reino"* (Salmo 45:4). El cayado simboliza el apoyo que nos proporciona, ya que es un instrumento que sirve para apoyarnos en él y afirmar nuestros pies… El salmista afirma haber recibido aliento y consuelo de ambas cosas. Y en este sentido, no cabe duda de que el cayado conforta y da consuelo, pero ¿qué diremos de la vara que golpea y corrige nuestros errores con la severidad propia del Juez divino? Pues también ella aporta a los fieles aliento y consuelo, perfeccionándolos y reconduciéndolos hacia los caminos del Señor. Hemos de admitir, en justicia, que todo aquello que nos ayuda nos proporciona aliento y consuelo, aún cuando en ocasiones para poder ayudarnos tenga que corregirnos, causándolos dolor». ORÍGENES [185-254] ve en la "vara" a las Escrituras, que nos corrigen testificándonos de la verdad, denunciando nuestros errores y amenazándonos con azotes y castigos. Con todo, afirma: «si hemos pecado y vemos la vara amenazante de Dios ante nosotros, podemos tener la absoluta certeza de que la misericordia de su cayado no anda muy lejos».

asustan. Lo desconocido, con su misterio y su incertidumbre, siempre nos llena el corazón de ansiedad, cuando no de malos presentimientos y de angustia. El salmista hace referencia aquí a la forma más extrema de lo desconocido, a su aspecto más terrible para el hombre, y afirma que, aun en medio de tan pavorosa situación, se sentirá confiado. ¿Qué otra cosa puede haber más distante y fuera del alcance de la experiencia y la especulación humanas, incluso de la imaginación, que «el valle de sombra de muerte», con todo lo que implica? Pues para el salmista no es una excepción en su afirmación de confianza, está resuelto a confiar aún en aquello que desconoce y que no puede ver. ¡Con cuánta frecuencia nos sentimos aterrorizados ante lo desconocido, como los discípulos temblaban cuando *"una nube de luz los cubrió"!*[34] ¡Cuán a menudo la incertidumbre sobre el futuro se convierte en una prueba mucho más difícil para nuestra fe que cualquier enfermedad o dificultad presente! Muchos hijos queridos de Dios no tienen reparo para confiar en él en cualquiera los problemas y males conocidos; pero ¿por qué dejan que los temores y presentimientos se apoderen de ellos, y desfallezca su corazón, si igualmente pueden confiar en él ante lo desconocido? PHILIP BENNET POWER [1822-1899] en *"'I wills' of the Psalms"*, 1862.

Aunque ande en valle de sombra de muerte, no temeré mal alguno, porque tú estarás conmigo; tu vara y tu cayado me infundirán aliento. Es interesante observar que a David, estando todavía en medio de los

---

[34] Mateo 17:5, 6.

delicados pastos donde no le falta de nada y goza de la máxima alegría y tranquilidad, el pensamiento le vuele al valle del sufrimiento y la desventura, el valle de sombra de muerte, que se verá obligado a atravesar en un futuro próximo; y concluye que, incluso en este lugar incierto y tenebroso, su firme descanso y refugio más seguro es en Dios y únicamente en Dios. Y nada tiene de extraño; el hombre sabio se prepara para afrontar la tempestad mientras dura la calma; cuando está sano, piensa en la enfermedad; en épocas de paz, de prosperidad y abundancia, anticipa la escasez; y como la previsora hormiga, recoge en el verano las provisiones que va a necesitar en el invierno. La condición natural de la raza humana es la aflicción, y en el caso de los justos todavía más. Los pecadores han de ser corregidos, y los hijos castigados, de ello no cabe duda. El arca fue diseñada para resistir las aguas del diluvio, y el barco las del mar; feliz, pues, el marinero que sabe dónde arrojar el ancla, pero más bienaventurado aún el hombre que puede encontrar el santuario donde refugiarse, que conoce dónde apoyarse y sabe en quién puede descansar en el día de la necesidad y la angustia. *"No temeré mal alguno, porque tú estarás conmigo"*. En este salmo, según yo lo veo, no se exponen los hechos y logros de David en el pasado, sino los deberes que entiende le corresponde cumplir en el presente, y aquello que se propone y cree que debe llevar a cabo en el futuro. Y, después de tantas manifestaciones y garantías de la bondad infinita de Dios, considera que, a pesar de su debilidad, puede llevarlo a cabo sin nada que temer, contando con la guía de su vara y el sostén de su cayado; éstos son los fundamentos y garantías de su confianza. El Salvador, anticipando la flaqueza de Pedro, el miedo que lo llevaría a renegar de él como Maestro, le concede, para después de su caída, el privilegio de confirmar a sus hermanos y educarlos en la perseverancia (Lucas 22:32) ¿Por qué? Porque Dios quiere mentes experimentadas y maduras, hombres resueltos y decididos, y creyentes confirmados en la fe. Así era con David; en numerosas experiencias del pasado, había aprendido que no tenía motivos ni razón para temer; y, por tanto, declara públicamente que de ahora en adelante, en el futuro, su confianza y dependencia del Señor no va a ser volátil; no al estilo de los girasoles, que se abren cuando sale el sol por la mañana y se cierran al atardecer cuando se pone; es decir, que su compromiso de ahora en adelante no será el de servir a Dios únicamente en las épocas de bonanza y acudir bajo el amparo del Pastor en los momentos de necesidad, –como hacen algunas ovejas, meneando la cabeza con ojos lastimeros cuando las cosas pintan mal, pero alejándose a pastar por su cuenta cuando el peligro ha pasado–, sino que confiará en él toda circunstancia, tanto en los *"pastos delicados"* y junto a las *"aguas de reposo"*, como atravesando el *"valle de sombra de muerte"*. Buenas gentes que me escucháis, tomad buena nota de esta lección, os lo ruego, y que en todas las circunstancias de vuestra vida, sean éstas alegres o descorazonadoras, este salmo os sirva de ejemplo para avergonzar a todos aquellos que se amedrentan ante la más tenue bruma que cae o la más insignificante nube que aparece en el cielo; hombres y mujeres indecisos, volubles e inestables, que hacen como el árbol de la morera, que no brota y reverdece hasta que el mal tiempo ha pasado por completo; personas a quienes gusta actuar de simples mirones, y quieren permanecer siempre neutrales e indiferentes a todo; que como Metius Suffetius,[35] no quieren arriesgar nunca nada, que no se atreven a participar en nada, ni a llevar a cabo ninguna acción en favor de su Dios, de su príncipe, o de su país, hasta que tienen claro de qué lado se inclina la victoria; y que deberían avergonzarse ante el ejemplo de David en este salmo. JOHN PRIME [1550-1596] en un sermón titulado *"The Consolation of David applied to Queen Elizabeth"* predicado en St, Mary's en Oxon el 17 de Noviembre de 1588.

---

[35] Se refiere a METIUS SUFFETIUS, también conocido como Mecio Fufecio, sucesor de Cayo Cluilio y dictador de Alba Longa, antigua capital del Lacio, situada en los montes albanos. Según cuenta Tito Livio en el libro primero de su *Historia de Roma*, pactó con Domus Tulius Hostilius (673-641 a.C.) la rendición de su territorio en un combate singular entre tres guerreros hermanos albanos, los Curiacios, contra tres romanos, los Horacios; y siendo que ganaron los Horacios, posteriormente se unió a las tropas romanas de Tulio Hostilio –a quien algunos identifican con el legendario Rómulo– contra Veyes y Fidenas. Pero en mitad de la batalla, no viendo claro su desenlace, Metius Suffetius abandonó a los romanos a su suerte y retiró sus tropas pensando que si los romanos eran derrotados se uniría a los vencedores. Tullius Hostilius ganó la batalla y condenó a Metius Suffetius a ser atado a dos cuadrigas tiradas por caballos y descuartizado vivo por su traición. Alba Longa fue destruida y sus habitantes llevados a Roma como esclavos. La historia de la traición de Metius Suffetius y su cruel castigo es glosada por el poeta romano Virgilio en *La Eneida*.

Aunque ande en valle de sombra de muerte, no temeré mal alguno, porque tú estarás conmigo; tu vara y tu cayado me infundirán aliento. Dios quiere que lo invoquemos en el día de la angustia, y añade la promesa de que si lo hacemos, nos librará: *"Invócame en el día de la angustia; te libraré, y tú me honrarás".*[36] El profeta David confiaba ciegamente en esto, y había experimentado el consuelo de esta promesa en muchas ocasiones y ante muchos peligros graves. Por ello, estaba persuadido de tal manera de que podía superar cualquier dificultad y peligro que se le presentara, fuera el que fuera, que ni siquiera en el *"valle de sombra de muerte"* veía razón alguna para temer, confortado con la promesa (que es promesa de Dios a todos nosotros) de que *"tu estarás conmigo; tu vara y tu cayado me infundirán aliento".* ¿Qué nos pasa a nosotros en la actualidad? ¿Acaso pensamos que el cayado de Dios se ha vuelto de cera, o se ha debilitado tanto que no nos atrevemos ya a apoyarnos en él por temor a que se parta? ¿O creemos que es voluble y se cambia fácilmente de chaqueta, de tal modo que ahora ya no sigue dispuesto a dar cumplimiento de su promesa y prestarnos su ayuda en nuestras angustias y dificultades? ¿Que ya no está dispuesto a sostenernos con su cayado y a alargarnos su mano para sustentarnos como siempre se ha mostrado dispuesto a hacer? No tenemos razón alguna para dudar, en los momentos difíciles siempre estará a nuestro lado para prestarnos su ayuda y consuelo, como ha prometido: *"Y ahora, así dice Jehová, Creador tuyo, oh*

---

[36] Salmo 50:15.

Jacob: No temas porque yo te redimí; te puse nombre, mío eres tú".[37] THOMAS TYMME [¿?-1620] en *"A Silver Watchbell"*, 1614.

Aunque ande en valle de sombra de muerte, no temeré mal alguno, porque tú estarás conmigo; tu vara y tu cayado me infundirán aliento. Poco antes de morir, James Janeway[38] alabó y dio gracias a Dios por la seguridad de su amor, y dijo que ahora podía morir con tanta facilidad como cerrar los ojos; y añadió: «Aquí estoy, anhelando el silencio del polvo, y el gozar de Cristo en la gloria. Deseo estar en los brazos de mi Jesús. Por tanto, no vale la pena que lloréis por mí». Luego, recordando lo mucho que el diablo había batallado con él, mostró su agradecimiento a Dios por su bondad al haberle reprendido. ANDREW FULLER [1754-1815] en *"Memoirs of Mr. John Janeway (1633-1657)"*.

Aunque ande en valle de sombra de muerte, no temeré mal alguno, porque tú estarás conmigo; tu vara y tu cayado me infundirán aliento. Cuando la señora Hervey,[39] la esposa de un misionero en Bombay, estaba

---

[37] Isaías 43:1 y ss.

[38] Se refiere a JAMES JANEWAY [1636-1674], uno de los predicadores y escritores puritanos más leídos después de John Bunyan. Spurgeon se refiere a él frecuentemente en sus sermones. Se lo considera el pionero de la literatura cristiana infantil y su obra *A Token for Children* (1671) tuvo un éxito extraordinario y fue libro de texto en muchas de escuelas durante años y años. Entre sus obras cuentan: *Heaven upon Earth; or the Best Friend in the Worst Times* (1670), y *The Saint's Encouragement to Diligence* (1677), entre otras (Ver apéndice sobre autores citados).

[39] Se refiere a ELISABETH HERVEY, esposa del Rev. William Hervey, quien junto a su esposo formaba parte del grupo de

muriendo, un amigo le dijo que tuviera confianza, que el Salvador estaría con ella cuando anduviera por el oscuro valle de sombra de muerte. «Si esto es el valle oscuro –contestó ella–, no veo ningún tipo de sombras en él; todo es luz». Durante la mayor parte de su enfermedad había tenido visiones hermosas de las perfecciones de Dios. «Su santidad –dijo– se muestra como el más hermoso de todos sus atributos». En cierta ocasión, dijo que carecía de palabras para poder expresar sus visiones de la gloria y majestad de Cristo. «Si todas las demás glorias fueran eliminadas –dijo– y no prevaleciera nada sino él solamente, sería más que suficiente; ¡sería un universo de gloria!». C.H. SPURGEON.

Vers. 4-5. Aunque ande en valle de sombra de muerte, no temeré mal alguno, porque tú estarás conmigo; tu vara y tu cayado me infundirán aliento. Aderezas mesa delante de mí en presencia de mis angustiadores; unges mi cabeza con aceite; mi copa está rebosando. Un espíritu dispuesto al sufrimiento y preparado para la muerte es lo que proporciona al cristiano el verdadero gozo y le hace disfrutar realmente de la vida en cualquier circunstancia... El cristiano que tiene el corazón preparado en este sentido encuentra dulces los bocados que a otros les resultan especialmente amargos, como el pensar en la muerte y la eternidad, y ello le hace disfrutar de la vida más profundamente. Pensar que tiene que dejar las cosas de este mundo no le causa menor problema, como no se lo causaría a un comensal al que le arrebataran el primer

---

misioneros norteamericanos que partió del puerto de Boston para evangelizar Bombay (India) en 1812. Murió en Bombay a causa de la disentería el 3 de Mayo de 1831.

plato en un banquete sin haberlo terminado, sabiendo que inmediatamente le van a servir un segundo, el plato principal, hecho con manjares mucho más exquisitos que el primero, pero que no le pueden servir hasta que le retiren el primero. Vemos que David, en este salmo, introduce el sabor de la muerte en medio de su festín; habla casi simultáneamente de su muerte (23:4), y del banquete que Dios le tiene preparado aquí en la tierra (23:5), y al cual no se sentía especialmente atado, pues no le hubiera importado renunciar a él de inmediato en el supuesto de que Dios le hubiera llamado, mientras estaba sentado a la mesa, para mirar a la muerte cara a cara y, por ello, antes de hablar del banquete, exclama: *"aunque ande en valle de sombra de muerte, no temeré mal alguno"*. ¿Y qué decir del apóstol Pedro? ¿Acaso no pensáis que debía disfrutar de una paz interior extraordinaria y de un gozo de la vida impensable, cuando era capaz de dormir intensamente en una prisión, una mazmorra fétida (lugar poco deseable), atado entre dos soldados (una postura bastante incómoda), la noche anterior a su probable ejecución por Herodes, que con toda seguridad mandaría que le cortaran la cabeza? No era el momento más idóneo para el descanso. Sin embargo, se durmió tan profundamente, que el ángel que fue a liberarlo tuvo que tocarle en el costado para despertarlo.[40] ¡Me pregunto si el propio Herodes dormiría aquella noche en su mullida cama tan sosegadamente como dormía su prisionero! ¿Qué poción proporcionó al santo apóstol un descanso tan placentero? Ninguna;

---

[40] Hechos 12:6,7.

fuera de la preparación para la muerte que proporciona el evangelio de paz: estaba preparado y dispuesto para morir, y esto lo capacitaba para dormir plácidamente. ¿Por qué razón su paso al descanso eterno tenía que inquietarlo y turbar su descanso terrenal? WILLIAM GURNALL [1617-1679] en *"Christian in complete armour, or, a treatise of the saints war against the Devil"*, 1655.

Vers. 4-6. Aunque ande en valle de sombra de muerte, no temeré mal alguno, porque tú estarás conmigo; tu vara y tu cayado me infundirán aliento. Aderezas mesa delante de mí en presencia de mis angustiadores; unges mi cabeza con aceite; mi copa está rebosando.
Puesto que tú, Señor, estás conmigo; y es bajo tu poder y voluntad que las aflicciones surgen y desaparecen; estoy seguro que superaré y venceré todas las que me vengan, por muy numerosas y peligrosas que sean. Porque sé que tu vara me corrige cuando me descarrío y tu cayado me sustenta y levanta si caigo; dos cosas que me son imprescindibles, oh, bendito Señor; la una para sacarme del mal y del error si caigo, y la otra para mantenerme en la senda de la rectitud y la verdad. Pues, ¿qué cosa hay más bendita que ser sustentado y preservado de caer por el cayado todopoderoso del Altísimo? (23:4) ¿Y qué puede resultar más provechoso que los golpes de su vara misericordiosa cuando me desvío del camino trazado? *"Porque el Señor al que ama disciplina; azota a todo el que recibe por hijo"*.[41] Con todo, mientras permanezcamos aquí en esta tierra, seguirá alimentándonos en los más dulces pastos, llenos de las

---
[41] Hebreos 12:6; Proverbios 3:12.

hierbas saludables de su Santa Palabra; (23:2) hasta que finalmente lleguemos a la vida eterna y, despojándonos de estos cuerpos materiales, entremos en el cielo y conozcamos y participemos de los benditos frutos y riquezas de su Reino. Entonces, no seremos ya tan solo sus ovejas, sino que seremos también sus huéspedes, (23:6) invitados al banquete eterno, que el Señor tiene preparado para todos aquellos que lo aman en este mundo. Entre tanto, y mientras continuamos aquí, unge (23:5) e ilumina nuestras mentes con el Espíritu Santo, para que ni las angustias ni las adversidades puedan hacernos mella. Dice un viejo refrán que: «Tanto cuesta y tanto mérito hay en mantener lo conquistado como en conquistarlo» Esto es algo que el rey David sabía muy bien, y nos lo confirma con lo que nos dice en este salmo. El Señor ha confortado su alma y lo ha conducido a delicados pastos, donde impera la virtud y la justicia; y eso lo la hecho no por razón a ninguna virtud o justicia humana que él pudiera poseer, sino *"por amor de su nombre"*. Reconociendo, pues, que ha sido conducido a los pastos de la verdad y contado como una de sus ovejas bajo el favor del Todopoderoso, considera ahora que es a Dios a quien corresponde también guardarlo y sostenerlo en este estado, condición y gracia; del Señor es la conquista y él es, por tanto, quien la guarda y la mantiene. Porque ni David, ni ninguno de los elegidos que forman el pueblo de Dios, podrían atravesar las angustias y aflicciones del valle de sombra de muerte, que todos debemos atravesar algún día, si no es contando con la ayuda de Dios; por eso es que afirma categóricamente y sin la menor sombra de duda que, a la hora de superar cualquier peligro, Dios está y estará siempre con él. JOHN HOOPER [1495-1555], en *"Certain Comfortable Expositions of the Constant Martyrs of Christ"*, 1555.

Vers. 4-6. Aunque ande en valle de sombra de muerte, no temeré mal alguno, porque tú estarás conmigo; tu vara y tu cayado me infundirán aliento. La muerte de un pecador es como la ejecución de un malhechor: después de haber sido procesado y justamente condenado, uno le arranca el sombrero, otro el cinturón, mientras un tercero le ata las manos a la espalda; y el pobre desdichado, abrumado por el miedo y el dolor, queda casi como muerto antes de morir. Mirad, en cambio, la muerte del justo, un final hermoso, reposado como el sueño de un hombre honrado. Sus criados le sacaran los vestidos que lleva con todo el respeto y los doblarán cuidadosamente, colocándolos ordenadamente a un lado; y su buena conciencia pondrá en orden sus pensamientos, confirmando y aumentando su paz interior. Se despedirá, diciéndoles buenas noches, de la Fe y la Esperanza y demás gracias y dones temporales con los que ha contado en el camino y que ya no le servirán en el cielo, pero se llevará consigo el amor, la paz, la alegría y demás gracias y dones permanentes que le harán compañía en su muerte, tal como se la hicieron a lo largo de su vida, y entrará con ellos en los cielos. WILLIAM STRUTHER [1578-1633] en *"True happines, or, King Dauids choice"*, 1633.

Vers. 4-6. Aunque ande en valle de sombra de muerte, no temeré mal alguno, porque tú estarás conmigo; tu vara y tu cayado me infundirán aliento. Aderezas mesa delante de mí en presencia de mis angustiadores;

unges mi cabeza con aceite; mi copa está rebosando. El salmista manifiesta una confianza que excede toda concepción humana, en medio de las presiones y dificultades más indecibles; se imagina a sí mismo *"andando por el valle de sombra de muerte"*. Como la *"muerte"* es el peor de los males, pues los incluye y engloba a todos; la *"sombra de muerte"* es la representación más tétrica y deprimente de los males que se apoderan del alma; y el *"valle"* donde se proyecta esa sombra, es la parte más profunda y terrible de todo el escenario. Aquí es donde el salmista se imagina entrando, es decir, a una situación agobiante llena de tristes presagios, y en la que confluyen todo tipo de males entre los que se verá en la necesidad de *"andar"*, lo que implica y denota una continuidad, un conflicto prolongado con los males más lúgubres y sombríos, que por su propia naturaleza tienden a la muerte. ¿Qué hará en tales condiciones? Responde: "Aún en tales circunstancias, cuando ante mis propios ojos como a los ojos de los demás se haya perdido toda esperanza y me vea perdido y sin ayuda posible, *'no temeré mal alguno'*". Se trata de un noble propósito, en caso de que haya la suficiente base y fundamento para sostenerlo; para que pueda considerarse una santa resolución de coraje espiritual y no una afirmación imprudente e infundada, hay que argumentarlo. David explica su fundamento. "Porque, *'el Señor estará conmigo'*. Pero, ¡ay de ti! ¿Y si el Señor te abandonase? ¿Y si te dejara en esa triste condición a merced de tus enemigos, permitiendo que las tentaciones fueran tan fuertes y el acoso tan intenso que acabaras alejándote para siempre de él? Entonces, las aguas desbordadas te engullirían sin remedio, anegarían tu alma, y quedarías atrapado para siempre en las sombras de la muerte. "Cierto –responde él–, pero tengo plena seguridad de que no será así, sino todo lo contrario, porque *"el bien y la misericordia me seguirán todos los días de mi vida, y en la casa del Señor moraré por largos días"*. JOHN OWEN [1616-1683] en *"The Wisdom of Making the Lord our Refuge"*, 1669.

7
BANQUETE DIVINO

Vers. 5. *Aderezas mesa delante de mí en presencia de mis angustiadores; unges mi cabeza con aceite; mi copa está rebosando.* [*Aderezarás mesa delante de mí en presencia de mis adversarios; ungiste mi cabeza con aceite; mi copa está rebosando. RVR77*] [*Dispones ante mí un banquete en presencia de mis enemigos. Has ungido con perfume mi cabeza; has llenado mi copa a rebosar. NVI*] [*Tú preparas mesa delante de mí en presencia de mis enemigos; has ungido mi cabeza con aceite; mi copa está rebosando. BLA*]

Aderezas mesa delante de mí en presencia de mis angustiadores; unges mi cabeza con aceite; mi copa está rebosando. El justo también tiene enemigos, de otro modo no sería como su Señor; es imposible ser como su Señor y no tenerlos. Y si no tuviéramos enemigos, deberíamos preocuparnos, ya que habría que ver si somos realmente amigos de Dios, porque la amistad con el mundo es enemistad contra Dios.[1] Con todo, este salmo nos muestra el sosiego del justo a pesar de sus enemigos y aún frente a ellos. ¡Qué consoladora es su calma

---
[1] Santiago 4:4.

valerosa! *"Dispones ante mí un banquete en presencia de mis enemigos."*² Cuando un soldado se halla frente al enemigo, come algo apresuradamente y se dirige a la batalla. Pero David no hace eso, observa: *"Aderezas mesa",* esto es, la preparas con esmero, la adornas, la hermoseas, tal como un mayordomo coloca el mantel bordado, los cubiertos de plata, copas de cristal, platos de cerámica, candelabros, flores, para adornar un banquete en una festividad de paz.³ No hay ninguna prisa, no hay confusión ni desorden; ciertamente, el enemigo está a la puerta y, con todo, Dios adereza la mesa, y el cristiano se sienta en ella como si no pasara nada, como si todo estuviera en perfecta paz.⁴ ¡Oh la paz que Jeho-

---

² El término hebreo שֻׁלְחָן *shûlchân* va más allá de una simple mesa con comida, implica más bien la idea de mesa real o banquete real.

³ AGUSTÍN DE HIPONA [353-429] da a la interpretación de este versículo un giro muy distinto a lo habitual: «Comenzaste corrigiéndome con tu vara, cuando siendo niño y todavía carnal me enseñabas y aleccionabas en tus pastos, dentro de tu rebaño; después de la vara, me fuiste guiando con tu cayado; y ahora, preparas mesa delante de mí para que me alimente, no ya a base de leche como cuando era niño (1ª Corintios 3:2), sino con alimentos sólidos, para que crezca y me fortalezca frente a los que me afligen (Hebreos 5:12-14)».

⁴ ORÍGENES [185-254] dice con respecto a esto: «Cuantas sean las veces en que seamos afligidos, otras tantas dispondrá el Señor un banquete espiritual delante de nosotros. Así que, pasemos por alto las aflicciones y fijemos nuestra mirada directamente a las mesas del banquete, exclamando con el apóstol: *"Y no solo esto, sino que también nos gloriamos en las tribulaciones"* (Romanos 5:3)».

vá da a su pueblo, aun en medio de las peores circunstancias y tribulaciones!

> *"Aún si están demonios mil*
> *Prontos a devorarnos,*
> *No temeremos porque Dios*
> *Sabrá aún prosperarnos.*
> *Que muestre su vigor*
> *Satán y su furor,*
> *Dañarnos no podrá,*
> *Pues condenado es ya*
> *Por la Palabra Santa".*[5]

Unges mi cabeza con aceite. ¡Que podamos vivir día tras día disfrutando de esta bendición, recibiendo una nueva unción por cada deber cotidiano que llevamos a cabo! Cada creyente es un sacerdote, pero no puede ejercitar su sacerdocio sin unción, por tanto debemos acudir diariamente a Dios, al Espíritu Santo, para que unja nuestras cabezas con su aceite. Un sacerdote care-

---

[5] Spurgeon cita aquí un famoso himno de Isaac Watts, concretamente el 157 de los publicados en su *"An arrangement of the Psalms and Spiritual Songs"* y que comienza diciendo: *"Oh, happy soul! that lives on high; while men lie grovelling here! His hopes are fix'd above the sky; And faith forbids his fear"* En el texto original, Spurgeon cita las dos últimas líneas de la tercera estrofa que dice: *"He waits in secret on his God; His God in secret sees: Let earth be all in arms abroad, He dwells in heavenly peace."* Nosotros hemos optado por sustituirla por la tercera estrofa del famoso himno de Martín Lutero, en traducción de su contemporáneo el obispo anglicano español (I.E.R.E.) Juan Bautista Cabrera, y que versa sobre la misma idea.

ce de unción, carece de las credenciales necesarias para llevar a cabo su tarea; y el sacerdote cristiano carece de su principal aptitud y de la fuerza necesaria para el servicio si está desprovisto de gracia nueva y continuada de lo alto.

Mi copa está rebosando. David no tuvo tan solo lo suficiente, una copa llena, sino más que suficiente, una copa rebosando. Y estas palabras, *"Mi copa está rebosando"* tanto las puede decir el pobre como el rico. "¿Todo esto, además de Jesucristo?", dijo un pobre campesino que vivía en una choza, mientras partía un trozo de pan y llenaba su vaso de agua fría. Por rica que pueda ser una persona, se muestra descontenta, su copa no puede llegar a rebosar, más bien se agrieta y gotea. El contentamiento es la piedra filosofal[6] que transforma en oro todo lo que toca; dichoso aquél que lo ha alcanzado. El contentamiento es más valioso que todo un reino; es el mejor sinónimo de felicidad. C.H. SPURGEON

Aderezas mesa delante de mí. Dios no está influenciado por los impíos cuando bendice a su siervo; los malos no tienen parte ni suerte en sus acciones, *"ni per modum principii"* (ni por razón de principio), puesto

---

[6] La PIEDRA FILOSOFAL o ELIXIR DE LA VIDA era un elemento legendario ansiosamente buscado y codiciado por los alquimistas de la Edad Media porque se le suponían virtudes maravillosas, como la capacidad de transmutar los metales vulgares en oro, la de curar enfermedades, así como el poder de otorgar la inmortalidad. Las características físicas de la piedra filosofal varían según diversas fuentes; generalmente se la presenta como un compuesto de materiales minerales amorfos o cristalinos de diversos colores. La ciencia moderna acabó con la leyenda.

que él es el único origen y causa de ella, ni *"per modum auxilii"* (ni por razón de ayuda), puesto que en su mano está bendecir a quienes él quiera al margen de su influencia o intervención: el espíritu retorcido, la oposición maliciosa y todas los esfuerzos de los impíos contra la bendición de Dios para con su pueblo no son más que intentos frustrados, ineficaces para detener el propósito divino de bendecir a sus hijos y alterar el placer que encuentra en hacerlo. Para que una cosa pueda convertirse en un obstáculo real y un impedimento efectivo a la hora de evitar que otra se realice, no solo ha de ir en sentido contrario, sino que también ha de contar con una fuerza superior: una gota de agua no puede apagar un incendio, porque aunque tiene una naturaleza contraria al fuego, no tiene la fuerza suficiente para apagarlo. Ahora bien, la malicia y las añagazas de los impíos son muy cortas y limitadas en relación al propósito e intención divina de bendición, que siempre se acompaña de su brazo potente y poderoso. Los hombres malos no dejan de ser hombres, y Dios es Dios; y siendo solo hombres, no pueden hacer más de lo que los hombres pueden hacer, a saber, muy poca cosa por no decir nada. El Señor manifestará claramente a todos que él es quien gobierna la tierra, y que *"su consejo permanecerá y hará todo lo que quiera";*[7] el hombre a quien bendice, será bendecido, y el hombre a quien maldice, será maldito, pues las criaturas no pueden añadir ni detraer sus designios; y su pueblo es el objeto de su amor y su cuidado, aunque viva rodeado de sus más acérrimos y

---

[7] Isaías 46:10.

mortales enemigos. *Condensado* de Obadiah Sedgwick [1600-1658] en *"The Shepherd of Israel; or, God's pastoral care over his people. Delivered in divers Sermons on the whole Twenty-third Psalme"*, 1658.

En presencia de mis enemigos. Que lo verán, se agitarán y se corroerán de envidia, pero no podrán hacer nada para impedirlo. Matthew Poole [1624-1679] en *"English Annotations on the Holy Bible"*, 1683.

Unges mi cabeza con aceite. Ungir la cabeza con aceite produce una sensación de enorme frescor.[8] El aceite posee tres cualidades: *lævor, nitor, odor:* la suavidad al tacto, el brillo a la vista y el perfume al olfato, lo que implica una gratificación de los sentidos que hace que el que es ungido se deleite en ello. Salomón se

---

[8] Con respecto a "ungir la cabeza con aceite" y "mi copa está rebosando", y asumiendo la idea de una sola metáfora completa en el salmo, la de "El Pastor y sus ovejas", D'Alphonso explica que en cada redil de Palestina había una gran vasija de barro, llena de aceite de oliva y un jarrón grande con agua. Cuando las ovejas acudían al redil para pasar la noche, tenían que atravesar el portón, la famosa puerta estrecha, donde forzosamente tenían que pasar una a una. El pastor situaba su cayado justo a la altura del lomo de las ovejas, y mientras pasaban, las examinaba rápidamente para ver si tenían mordeduras, rasguños, zarzas en las orejas, espinas en la mejilla o los ojos llorosos del polvo. Cuando se daban estas circunstancias, dejaba caer su cayado sobre el lomo de la oveja afectada y la separaba de la fila. Con sumo cuidado, lavaba y limpiaba cada una de las heridas. Metía la mano en la vasija de aceite y las untaba con aceite, especialmente en la cabeza. Después, llenaba un tazón grande con agua –siempre a rebosar, nunca a medias– y le daba de beber. Cuando había bebido y con la cabeza ungida por el aceite del pastor, la oveja se tumbaba a descansar junto a las demás, protegida y segura en el redil, al lado de su pastor.

refiere a esto cuando, exhortando a la alegría en la vida, exclama: *"y nunca falte ungüento sobre tu cabeza"*.[9] ¡Qué imagen más precisa de la unción del Espíritu Santo, que infunde alegría y euforia al alma! Las Escrituras se refieren a él como el *"óleo de alegría"*[10] y el *"gozo del Espíritu Santo"*.[11] NATHANAEL HARDY [1618-1670].

Unges mi cabeza con aceite. Derramar aceite perfumado sobre la cabeza de un huésped distinguido es considerado un acto de gran respeto. El evangelio nos habla de la mujer que vertió *"ungüentos preciosos"* sobre la cabeza del Salvador para mostrarle su respeto.[12] Una dama inglesa subió a bordo de un barco árabe que había hecho escala en Tricomalee[13] con el propósito de ver el barco y hacer algunas compras. No llevaba mucho tiempo sentada en un salón, cuando apareció una chica árabe que, sin mediar palabra, derramó un frasco de aceite perfumado sobre su cabeza.[14] JOSEPH ROBERTS

---

[9] Eclesiastés 9:8.

[10] Hebreos 1:9.

[11] 1ª Tesalonicenses 1:6.

[12] Mateo 26:7.

[13] Se refiere a TRICOMALEE, ciudad y bello puerto turístico situado en la actual Sri Lanka, a unas 110 millas al noroeste de Kandy. En la época a la que se refiere Roberts formaba parte de la India y era una colonia inglesa.

[14] Roberts incluye esta anécdota para ilustrar la costumbre oriental que había de refrescar con óleos y perfumes la cabeza de los invitados ilustres como un acto de cortesía, mostrando de este modo el beneplácito y regocijo por su visita. En este sentido, la palabra hebrea דָּשֵׁן *dâshên* utilizada por el salmista hace referencia al ungimiento de hospitalidad, a los óleos y

[1795-1849], en *"Oriental Illustrations of the Sacred Scriptures"*, 1835.

Unges mi cabeza con aceite. En Oriente el aceite está presente en todos los festejos, y se utiliza para refrescar el cuerpo, en el mismo sentido en el que nosotros nos tomamos un baño. Sin embargo, en este pasaje se utiliza y sobreentiende en sentido espiritual, como el óleo de la alegría. CHRISTIAN GOTTLIEB BARTH [1799-1862] en *"Practical Commentary on the Books of Holy Scripture, arranged in Chronological Order; being a Bible Manual for the use of Students of the Word of God"*, 1865.

Unges mi cabeza con aceite. No has limitado tu generosidad a las necesidades de la vida, sino que me has proporcionado también sus lujos. *"A plain Explanation of Difficult Passages in the Psalms"* 1831.[15]

Unges mi cabeza con aceite. Los ungüentos de Egipto pueden servir para preservar el cuerpo de la corrupción, manteniéndolo por largo tiempo en las tinieblas del sepulcro; pero, oh, Señor, el precioso aceite perfumado de tu gracia que derramas misteriosamente sobre nuestras almas las purifica, las adorna, las fortalece y

---

perfumes utilizados en recepciones y banquetes, el óleo de la alegría, símbolo de bienvenida (Salmo 45:7; 92:10; 133:2; Eclesiastés 9:8; Amós 6:6; Lucas 7:46), no al ungimiento del sacerdocio y la realeza, para lo cual se utiliza una palabra distinta.

[15] Aunque la identidad del autor de esta obra es algo confusa y algunos la califican de anónima, entendemos que se trata de la obra *A Plain and Familiar Explanation of the most dificult Passages in the Book of Psalms, interwoven with the text,* by the Reverend J. A. Gower, London, 1831.

siembra en ellas la semilla de la inmortalidad; de esta forma, no solo las preserva de una corrupción transitoria, sino que las eleva de esta casa terrenal de esclavitud a las bendiciones eternas en tu seno. JEAN BAPTISTE MASSILLON, [1663-1742].

Unges mi cabeza con aceite; mi copa está rebosando. En Oriente, a menudo los anfitriones[16] tienen la cos-

---

[16] La imposibilidad física de que una oveja coma literalmente en una mesa y beba de una copa ha hecho que la mayoría de comentaristas vean en este salmo dos metáforas distintas: la de "El Pastor y sus ovejas" (v. 1-4) y la de "El Anfitrión y su invitado" (v. 5-6), como hace Franz Delitzsch, que titula el Salmo 23 *Hirt und Wlrt:* Pastor y anfitrión. Algunos exégetas, según menciona Kraus, han llegado incluso a plantearse si acaso no se trata de una falsa ditografía o error de un copista en la transcripción del término hebreo וְחֻלְשׁ *shûlchân,* y leen en su lugar שֶׁלַם. Con ello, afirma L. Köhler: «desaparecen todas las dificultades en la continuidad del pensamiento, y la imagen del pastor constituye congruentemente la base de todo el salmo». Basándose en esto, E. Power traduce directamente: *"Contra mis asaltantes mantienes preparado el dardo delante de mi",* aunque el propio Kraus observa, con mucha razón, que «con esta enmienda y pretendida simplificación se crean nuevos problemas que necesitan estudiarse detenidamente». Sin embargo, la nueva visión del salmo que plantea James K. Wallace en su artículo, basada en las declaraciones del pastor D'Alphonso, vierte nueva luz sobre el tema y abre un argumento alternativo en apoyo de los que sostienen que se trata de una única metáfora, la de "El Pastor y las ovejas". En referencia al *"aderezas mesa delante de mi",* nos explica Wallace, es preciso recordar que dependiendo de la época del año y de las condiciones climáticas, en los pastos de Palestina crecen un tipo de matorrales y hierbas que son muy dañinos, a veces mortales, para las ovejas si las ingieren. Especialmente en primavera, los pastores deben mantenerse muy alerta respecto a este peligro.

tumbre de ungir a sus invitados con perfumes fragantes y les ofrecen una copa del mejor vino, llena a rebosar. El aceite es símbolo de amor y respeto, y el vino demuestra que, mientras permanezcan en aquella casa, dispondrán de todo en abundancia. A esta costumbre o alguna otra por el estilo es a lo que alude el salmista en este pasaje. Samuel Burder [1773-1837] en *""Oriental Customs or An illustration of the Sacred Scriptures"*, 1804.

Mi copa está rebosando. David demuestra aquí que tiene no solo plenitud de *abundancia*, sino también *redundancia,* sobreabundaba en todo. Los que disfrutan de esa bendición deben elevar su copa en alto y procurar que rebose en los vasos vacíos de sus hermanos más pobres. John Trapp [1571-1622] en *"A commentary or exposition upon the books of Ezra, Nehemiah, Esther, Job and Psalms"*, 1657.

Mi copa está rebosando. ¿Con qué propósito hace el Señor que tu copa rebose, sino para que los labios de otros puedan probar su contenido? Las lluvias que caen sobre las montañas más altas han de ir deslizán-

---

Cuando se da el caso, el pastor, que camina enfrente del rebaño, lo detiene frente al pasto con ayuda de los perros, mientras él arranca una a una todas las hierbas y matorrales malignos para las ovejas que pueda haber. Luego, las deposita en unas piras que había cerca de los pastos construidas con piedras (aún hoy pueden verse en Palestina algunas de esas piras construídas por los pastores de los tiempos de David) y una vez el pasto está libre de hierbas y matas venenosas, las ovejas entran a pastar con seguridad y comen plácidamente de la *"mesa preparada"* para ellas por su pastor, en presencia de sus enemigas, las hierbas venenosas, que arden a un lado delante de sus ojos.

dose hacia los valles más humildes. «Dad, y se os dará»[17] es una máxima poco creída y menos aún puesta en práctica. WILLIAM SECKER (¿?-1681) en *"The Nonsuch Professor"*, 1660.

Mi copa está rebosando. O como traduce la Vulgata:[18] "y mi cáliz embriagador, ¡qué excelente es!".[19] De este cáliz embriagador bebieron los mártires cuando al partir felices hacia su martirio se negaban incluso a detenerse para atender a sus deudos, ni a su esposa que lloraba, ni a sus hijos, ni a sus familiares; sino que, dando gracias a Dios, decían: *"¡Beberé la copa de mi salvación!".*[20] AGUSTÍN DE HIPONA [354-430]

---

[17] Lucas 6:38.

[18] Se refiere a la versión latina de la Biblia de San Jerónimo, conocida como Vulgata, que traduce esta frase del siguiente modo: *Et calix meus inebrians, quam præclarus est!*

[19] AMBROSIO DE MILÁN [340-397], Obispo de Milán por medio del cual llegó Agustín de Hipona al conocimiento del evangelio y su tutor espiritual, basó en el Salmo 23 su predicación a la muerte del emperador Teodosio (De Obitu Theodosii), y se refiere al versículo cinco con estas palabras: «*"Preparas banquete delante de mí"*. Un banquete a base del Pan vivo (Juan 6:51), la Palabra de Dios. Es en este banquete que el óleo de la santificación es derramado en abundancia sobre la cabeza del justo, un óleo que fortalece sus sentidos interiores, eliminando todo vestigio de aceite pecaminoso que embadurna su cabeza (Salmo 141:5). Y es también parte de este banquete la copa que rebosa, el cáliz embriagador, que es *"excelente"* o *"poderoso"*, porque el griego utiliza la palabra *kratiston,* indicando que se trata de algo fuerte, enérgico, poderoso. Y sin duda lo es, porque es un cáliz cuyo contenido limpia toda mancha de pecado (1ª Juan 1:7)».

[20] Salmo 116:13.

8
VIVIENDO EN LA PRESENCIA DE DIOS

Vers. 6 *Ciertamente el bien y la misericordia me seguirán todos los días de mi vida, y en la casa de Jehová moraré por largos días.* *[Ciertamente la bondad y la misericordia me seguirán todos los días de mi vida, y en la casa de Jehová moraré por largos días. RVR77] [La bondad y el amor me seguirán todos los días de mi vida; y en la casa del Señor habitaré para siempre. NVI] [Ciertamente el bien y la misericordia me seguirán todos los días de mi vida, y en la casa del Señor moraré por largos días. BLA]*

Ciertamente la bondad y la misericordia me seguirán todos los días de mi vida. Esta declaración es un hecho indiscutible y alentador, razón por la cual el Espíritu Santo añade un *"ciertamente"* o *"verdaderamente"* de cuño celestial al principio para darle mayor veracidad y autenticidad. La frase también se puede traducir de este modo: *"Únicamente el bien y la misericordia..."*, porque el bien y la misericordia no se mezclarán con otros elementos extraños en nuestra vida. Estos dos ángeles guardianes siempre estarán conmigo, cubriéndome la espalda y al alcance de mi mano. De la misma forma que cuando las grandes personalidades viajan a otros lugares no viajan en solitario, sino que llevan su séquito y escolta, así es con el creyente. La bondad y la misericordia lo siguen a todas partes todos los días de su vida, tanto en los días oscuros como en los de sol, tanto en los días de privaciones como en los de abundancia, tanto en los días grises de invierno como en los luminosos de verano.[1] La bondad suple nuestras necesidades, y la misericordia borra nuestros pecados.

Y en la casa del Señor habitaré para siempre. *"El esclavo no queda en la casa para siempre; el hijo queda para siempre".*[2] Mientras permanezca aquí en la tierra, seré como un hijo morando en casa junto a su Padre; porque el mundo entero es la casa de Dios,[3] y por tanto, también la mía. Y cuando ascienda al plano superior, no voy a cambiar de compañía, ni tan siquiera

---

[1] CASIODORO [485-583] lo interpreta de la siguiente manera: «Sabemos que la misericordia del Señor nos precede siempre en todas las cosas; pero el salmista afirma aquí que además también *"le seguirá todos los días"*. Nos "precede" para otorgarnos la gracia y nos "sigue" con el objeto de protegernos. Si únicamente nos siguiera, nadie se percataría de sus dones; y si tan solo nos precediera, nadie sería capaz de guardar y mantener aquello que le ha sido otorgado. Las trampas y emboscadas de Satanás son constantes y descomunales; si no fuera, pues, por la presencia permanente de la misericordia del Señor, nuestra fragilidad humana sucumbiría sin remedio. Por tanto, es imprescindible que la gracia del Señor nos preceda abriéndonos camino, y que su misericordia nos siga detrás protegiendo nuestra retaguardia».

[2] Juan 8:35.

[3] Salmo 24:1-2.

de residencia, me limitaré a morar en las habitaciones superiores de la casa del Señor para siempre. ¡Que Dios nos conceda la gracia de poder morar en la atmósfera serena de este bendito salmo! C.H. SPURGEON.

Y en la casa del Señor habitaré para siempre. Es posible que un supersticioso o un hipócrita entren ocasionalmente en la casa del Señor y expongan una petición; pero David (y así debe ser con todos los hombres verdaderamente piadosos) no se limita a visitar ocasionalmente la casa de Dios, vive en ella perpetuamente; su alma se halla continuamente ante el trono de la gracia, pidiendo más gracia. El supersticioso ora intermitentemente, como hace el gallo cuando canta: canta, cesa de cantar, al cabo de poco canta de nuevo y cesa otra vez; a menudo, no piensa en cantar hasta que no escucha a otro gallo que lo está haciendo. De igual forma, el supersticioso y el hipócrita oran y cesan de orar, oran otra vez y cesan de nuevo; su mente nunca está ocupada en pensar si sus oraciones son escuchadas o no; simplemente lo hacen por tradición o mera rutina, consideran que ir a la iglesia y orar es algo que debe hacerse y, por tanto, lo hacen, dando por sentado que sus oraciones son escuchadas, aunque en realidad Dios nunca escucha tales oraciones ni les presta mayor atención que al mugido de un buey o los gruñidos de los cerdos. WILLIAM FENNER [1600-1640] en *"The Sacrifice of the Faithful"*.

Y en la casa del Señor habitaré para siempre. Ésta debe ser la corona de todas nuestras esperanzas futuras, y la gran lección que aprendamos de todas las vicisitudes en esta vida. Las aparentes continuas contradicciones en nuestra existencia, las penas y las alegrías, el trabajo y el descanso, la abundancia y la escasez, la paz temporal y los conflictos frecuentes; todo ello debe llevarnos a entender que hay en ellas un propósito, un fin determinado al que apuntan y conducen, y que en su momento nos las aclarará y explicará todas. Aquí en esta tierra Dios nos prepara una mesa en el desierto. Es como cuando el hijo de un gran rey regresa de un largo viaje a los dominios del reino de su padre, y lo van agasajando dándole la bienvenida en cada etapa de su viaje a la capital, con múltiples festejos y mensajeros enviados por su padre que van a su encuentro, hasta que finalmente entra en el palacio, donde se despoja definitivamente de sus ropas de viaje, manchadas, polvorientas y desgastadas, y se sienta junto a su padre en la mesa real. ALEXANDER MACLAREN, [1826-1910] en *"Expositions of Holy Scripture: Psalms"*, 1863.

Y en la casa del Señor habitaré para siempre. Fijaos en la convicción resoluta de David y considerad cómo llega a ella básicamente a través de la experiencia del favor de Dios en muy distintas ocasiones y de muy diversas maneras. Pues vemos que antes de llegar a esta convicción, enumera los distintos beneficios que había recibido del Señor: que lo *condujo a verdes pastos* y lo hizo descansar junto a las *aguas refrescantes* de la Palabra de Dios; que *confortó su alma y lo guió por sendas de justicia;* que lo preservó y le *infundió aliento* ante colosales peligros, incluso de muerte; que lo colmó de innumerables beneficios incluso ante la presencia misma de sus enemigos y

angustiadores. Vemos, pues, que es el derroche de misericordia mostrado por Dios con él en el pasado, lo que lo convence y persuade de la continuidad y permanencia de ese favor de Dios hacia él en el futuro.[4]
WILLIAM PERKINS [1558– 1602].

---

[4] ARNOBIO EL JOVEN (Siglo V) concluye su exposición del Salmo 23 con este hermoso comentario: «Todo aquello con lo que el salmista describe en este hermoso pasaje lo encontramos en la Iglesia. Una vara con la que advertir a los extraviados. Un cayado para socorrer a los penitentes. Una mesa con la que proveer de pan a los creyentes. Un óleo santo con el que ungir la cabeza de aquellos que anhelan la liberación de su conciencia. Una copa de la que beber en la predicación la palabra, hasta el punto que cuando llegue la hora tercia del día, las gentes piensen que tal predicación es propia de un beodo (Hechos 2:13-15). Y misericordia que, el salmista afirma, lo seguirá todos los días de su vida, para que podamos también morar por largos días en la casa del Señor, alabando a Jesucristo que vive y reina para siempre. Amén».

APÉNDICES

Exégetas y comentaristas cuyas exposiciones transcribe Spurgeon en "El Tesoro de David" o se citan en las notas al pie

AURELIUS AGUSTINUS [354-430] Más conocido como Agustín de Hipona. Uno de los cuatro Padres más importantes de la Iglesia latina y uno de sus más eminentes doctores. Considerado uno de los más brillantes apologistas cristianos y el más importante de los teólogos cristianos desde el Apóstol Pablo. Sus escritos suponen la primera gran síntesis entre el cristianismo y la filosofía platónica. Nacido en Tagaste, en el África romana, después de una juventud desenfrenada como estudiante de abogacía en Cartago, a la muerte de su padre decidió enmendar un poco su vida y comenzó a interesarse por las ideas religiosas. Trasladado a Milán, en calidad de profesor de retórica en la sede del famoso obispo Ambrosio, los sermones de Ambrosio lo llevaron al verdadero cristianismo. En el 388, tras la muerte de su madre, regresó a Tagaste y fundó un monasterio, en el cual permaneció hasta ser ordenado presbítero en el año 391, siendo consagrado cuatro años después como obispo de la ciudad de Hipona, cargo que ocupó hasta su muerte. Su obra literaria es inmensa y cuenta con escritos teológicos, filosóficos y apologéticos en la que destacan sus *Confesiones, La ciudad de Dios, La verdadera religión, La utilidad de creer, Tratado sobre la Trinidad,* conocido también como *Enquiridion,* sin olvidar sus obras exegéticas y comentarios al texto bíblico, entre las que figura un extraordinario comentario a los salmos *Enarrationes in Psalmos,* (el que cita Spurgeon*),* una de sus obras más extensas y considerado como uno de los mejores comentarios a los salmos que jamás se haya escrito.

AINSWORTH, Henry [1571-1622] Teólogo y predicador puritano inglés, nacido en Swanton Morley, Norfolk, y educado en el Caius College de Cambridge. Exilado por razones religiosas alrededor de 1593 se afincó en Amsterdam, donde fue elemento clave entre los líderes del movimiento puritano y elegido predicador de la congregación de exilados londinenses. Erudito y reconocido especialista en el hebreo bíblico, fue un gran especialista en los salmos y Spurgeon cita sus obras con mucha frecuencia. Entre ellas destacan sus comentarios o traducciones del *Génesis* (1616); *Éxodo* (1617); *Levitíco* (1618); *Números* (1619); *Deuteronomio* (1619) *Salmos* [incluyendo una versión métrica] (1612); y el *Cantar de los Cantares de Salom*ón (1623). Su obra *Psalms, The Book of Psalms: Englished both in Prose and Metre with Annotations* (Amsterdam, 1612), que incluye en una separata con treinta y nueve melodías monofónicas de salmos, es conocida como el *Ainsworth Psalter,* [El Salterio de Ainsworth] y es el único libro de música que los peregrinos puritanos llevaron a Nueva Inglaterra en

1620, posteriormente revisado y transformado en el *Bay Psalm Book,* y que tuvo una influencia fundamental en la primitiva salmodia norteamericana.

AMBROSIO DE MILÁN [340-397] Nació en una noble y rica familia de Tréveris. Fue educado en Roma para ser abogado y hacia el año 370 fue designado prefecto consular para el norte de Italia, tomando su residencia en Milán. En el año 374 tuvo lugar una encarnizada disputa con los arrianos sobre la elección del obispo que suceder a Auxencio, y Ambrosio, como primer magistrado, tuvo que intervenir. Según la tradición, su discurso fue interrumpido por el grito de un niño: *Ambrosius episcopus!* con el resultado de que fue elegido por el pueblo para ocupar el lugar de Auxencio como obispo de la ciudad. Aunque fue el candidato aceptado por todos, él mismo se opuso enérgicamente a su elección, pues no se consideraba preparado para ello: era todavía catecúmeno, es decir, se estaba preparando para el bautismo. Solo por intervención del emperador se mostró finalmente dispuesto. En el plazo de una semana recibió los sacramentos del bautismo y del orden, siendo ordenado diácono y sacerdote, con lo que ya no había impedimentos canónicos para su consagración episcopal, y ocho días más tarde, el 7 de diciembre del 374, consagrado obispo. Siendo obispo, fue adquiriendo sólidos conocimientos teológicos, estudiando la Biblia y autores griegos, como Filón, Orígenes, Atanasio y Basilio de Cesarea, con quien mantuvo correspondencia. Todos estos conocimientos los utilizaba también en la predicación, en la que también aprovechaba sus conocimientos anteriores de Retórica y de griego. En la liturgia introdujo el canto ambrosiano, al que da nombre. Su carácter, sus homilías y su interpretación de la Biblia impresionaron a Agustín; en la Pascua del 387 fue bautizado por Ambrosio; dice la tradición que fue en ese momento cuando surgió el *Te Deum*. Sostuvo una lucha encarnizada contra el arrianismo y todo tipo de herejías. Se enfrentó a Agustín de Hipona, cuando este último era maniqueo y orador imperial en Milán, dándole a leer las epístolas de Pablo, a través de cuya lectura Agustín vino al conocimiento del evangelio. Defendió el principio de separación de Iglesia y Estado y fue el primer cristiano en conseguir que se reconociera el poder de la Iglesia por encima del Estado, y desterró definitivamente en sucesivas confrontaciones a los paganos de la vida política romana.

ANDREWES, Lancelot [1555-1626] Erudito clérigo de la Iglesia Anglicana, que ocupó puestos destacados durante los reinados de Elisabeth I y Jaime I, llegando a ser capellán de la reina y deán de Westminster en la última parte del reinado de Elisabeth I, y obispo de Chichester, Ely y Winchester. Fue supervisor de la versión autorizada de la Biblia, conocida en inglés como versión "King James". Los únicos escritos de Andrewes publicados durante su vida fueron *Tortura Torti sive ad Matthæi Torti responsio* (1609), algunos tratados posteriores escritos en respuesta al cardenal Bellarmino, que había atacado al rey Jaime por el juramento de lealtad impuesto a los católicos en Inglaterra. En 1631, por orden del rey Carlos I, se publicaron noventa y seis de sus sermones, recopilados por los obispos Buckeridge y William Laud en 1929. Algunos de esos sermones, la serie de nueve conocidos como *"Conspiracie of the Gowries"*, que predicó Andrewes con motivo de la conspiración contra en monarca por parte del Earl de Gowrie y otros nobles, son los que cita Spurgeon. Especialmente conocidas y famosas son sus oraciones compuestas en griego y latín para su uso personal, recopiladas, traducidas y publicadas en 1900 por Alexander Whyte en la obra más difundida de Andrewes, con el título de *Manual of Private Devotions.*

ARNOBIO EL JOVEN [Siglo v] No se sabe mucho de él ni las fechas exactas de su nacimiento y muerte, salvo que vivió en el Siglo V. Recibe el apodo de "el joven" para distinguirlo de Arnobio de Sicca, del que tampoco se sabe mucho salvo que nació en Sicca y que vivió un siglo antes, a principios del Siglo IV. Sobre los escritos de Arnobio el Joven tampoco hay mucha unanimidad entre los expertos y muchos son los que dudan de su autoría. Comprenden el *Commentarii in psalmos,* que es la obra que citamos en este caso; *Adnotationes ad quædam evangeliorum loca,* que según parece fueron usadas en el comentario al evangelio que supuestamente es de Teófilo de Antioquía, *Arnobii catholici et Serapionis conflictus de Deo trino et uno;* y el denominado *Prædestinatus.*

BAKER, Sir Richard [1568-1645] Historiador, cronista y político inglés, investido caballero por el Rey Jaime I, en el año 1603. Famoso y bien conocido por su obra *Chronicle of the Kings of England from the*

Time of the Romans Government unto the Death of King James (1643), [Crónica de los reyes de Inglaterra desde los tiempos del Imperio Romano hasta la época del rey Jaime], aunque escribió muchas otras obras sobre diversos temas, varias de ellas de carácter religioso, entre las que cuenta un comentario al Padrenuestro, también publicado en 1643, y un comentario a los Salmos de David, compilado y publicado por Alexander Grosart con el título de *Meditations and Disquisitions upon certain Psalms,* que es el que cita Spurgeon, y que sigue a la venta en diversas ediciones en inglés hasta el día de hoy.

BARTH, Christian Gottlieb [1799-1862] Teólogo y pastor del movimiento neopietista alemán, nacido en Stuttgart. Estudió teología en Tubinga y ejerció el pastorado en Möttlingen, cerca de Calw, desde 1824 hasta que decidió retirarse en 1838 para dedicarse por entero a las misiones. Fundó la Sociedad Misionera de Württemberg y cooperó intensamente con todas las demás sociedades misioneras de la época. Escribió algunos de los mejores himnos misioneros en alemán, puso en marcha la revista misionera denominada *Calwer Missionsblatt* y escribió varios libros. Muy famoso en el mundo de habla inglesa por su comentario conocido bajo el título de *"The Bible Manual"* y cuyo título completo en inglés es *Practical Commentary on the Books of Holy Scripture, arranged in Chronological Order; being a Bible Manual for the use of Students of the Word of God,* traducido del alemán y publicado en 8 volúmenes por James Nisbet & Co. de Londres, en 1865.

BEECHER, Henry Ward [1813-1887] Pastor de la "Plymouth Church of the Pilgrims" en Brooklyn, N.Y. Fue un orador extraordinario y uno de los predicadores congregacionalistas más influyentes de su época. Dotado y prolífico escritor, dirigió diversas revistas religiosas y publicó numerosas obras. La citada por Spurgeon, *Life thoughts. Gathered from the extemporaneous discourses of Henry Ward Beecher by one of his congregation.* (1859), es una recopilación de sus sermones.

BOGAN, Zachary [1625-1659] Erudito teólogo y profesor de literatura inglesa que se especializó en la búsqueda de paralelos lingüísticos entre la Biblia y los clásicos griegos. Una de sus obras más conocidas en este sentido fue *Treatises on the Idioms of Homer and Hesiod, as compared with the Language of Scripture,* (1653) originalmente en latín; y algunas obras en colaboración con otros autores como Thomas Godwyn y Francis Rous, como *Romanae Historiae Anthologia Recognita et Aucta* (1625). También escribió y publicó varias obras de carácter devocional, las más conocidas *A view of the threats and punishments recorded in the Scriptures, alphabetically composed* y *Meditations of the mirth of a Christian life, and the vain mirth of a wicked life, with the sorrows of it* [la que cita Spurgeon], ambas publicadas en Oxford, en 1653.

BURDER, Samuel [1773-1837] Pastor congregacionalista en St. Albans, Inglaterra, y prolífico escritor. Recopiló numerosas crónicas de viajes por tierras de oriente y las compiló en la más famosa de sus obras titulada *Oriental Customs or An illustration of the Sacred Scriptures,* publicada en Philadelphia en 1804 [la que cita Spurgeon]. También hizo una importante ampliación y actualización de la obra de Thomas Gibbon *Memoirs of eminently pious women, of the British Empire* (1815), en tres volúmenes.

CARYL, Joseph [1602-1673] Teólogo y predicador puritano nacido en Londres. Cursó sus estudios en el Exeter College de Oxford y al término de sus estudios se instaló como predicador en Lincoln's Inn, en Holborn, Londres. Durante los sucesos de 1642 por orden del Parlamento, atendió las necesidades espirituales del depuesto Carlos I mientras éste estuvo confinado en Holmby House, y en 1650 fue enviado junto con John Owen para que acompañara a Cromwell a Escocia. Después de la restauración, continuó pastoreando una congregación independiente en Londres hasta su muerte. Su única obra escrita conocida es su monumental comentario al libro de Job, *Exposition of the Book of Job* publicado originalmente en 1643 en 12 volúmenes y, posteriormente, en dos gruesos volúmenes tamaño folio. Es la obra que cita Spurgeon y sobre la cual comenta: *"Caryl debió haber heredado la paciencia del propio Job para poder completar una obra tan estupenda".*

CASIODORO [480-580] De nombre completo Magno Aurelio Casiodoro, historiador romano, estadista y monje, nacido en Scylacium, Calabria, hacia el año 480 en el seno de una familia de origen sirio y fallecido en Vivarium, en el monasterio que él mismo fundó cerca de su lugar natal, hacia el 580. Por la alta estima que Teodorico tenía a su padre, alcanzó las más altas dignidades bajo los monarcas ostrogodos. Hacia el año 540, tuvo que refugiarse en Constantinopla tras la toma de Rávena por Belisario, y se dedicó a escribir un comentario a los salmos: *Expositio psalmorum,* lo que produjo una transformación en su vida, decidiendo retirarse de la vida pública a la paz y quietud del monasterio que fundó en su propia finca, el Monasterio de Vivarium. Allí se entregó a la tarea literaria, la cual ya había iniciado en medio de su actividad política, ejerciéndola con celo hasta su muerte. Escribió numerosas obras, entre ellas, las más conocidas (aparte de su *Exposición a los Salmos*) sus *Instituciones, Exposition epistulae ad Romanos, Liber memorialis* o *Liber titulorum, Complexiones apostolorum,* y su *De orthographia',* que escribió poco antes de su muerte a los 90 años.

DALE, Thomas [1797-1870] Clérigo anglicano, poeta y escritor. Fue Canónigo de San Pablo, Vicario de San Pancracio y Deán de Rochestar. Escribió algunas obras teológicas y numerosas obras poéticas, entre ellas, *The widow of the city of Naïn: and other poems,* (1819); *An introductory lecture upon the study of theology and of the Greek Testament,* (1829); y *The Golden Psalm: An Exposition practical, experimental and prophetical of Psalm Sixteenth,* Londres, (1847), y la que cita Spurgeon en esta ocasión, *Commentary on the Twenty-third psalm* (1845).

DAY, Martin [¿?-1629] Teólogo y predicador puritano. Se especializó en sermones funerales, como se desprende de la obra publicada en 1640 titulada *Threnoikos: the house of mourning, furnished with directions for preparations to meditations of consolations at, the hour of death,* una recopilación de 56 sermones predicados en funerales de otros siervos de Dios por líderes puritanos famosos, entre los que se incluyen los de Daniel Featly, Martin Day, John Preston, Richard Sibbs, Thomas Taylor etc. Publicó varias obras sobre el tema de la muerte, la más conocida: *Doomes-Day: Or, A Treatise of the Resurrection of the Body. Delivered in 22. Sermons on I. Cor. 15. Whereunto are Added 7. Other Sermons, on I. Cor. 16.* Impresa en Londres, en 1636, por encargo de Nathanael Butter [la obra citada por Spurgeon, aunque según parece no utilizó la edición original, sino una reimpresión de 1660]. Martin Day había escrito y publicado ya con anterioridad, en 1630, otra obra similar *A monument of mortality containing foure treatises, 1. A wakning for worldlings, 2. Meditations of consolation, 3. Comfortable considerations for the sicke, 4. A mirror of modestie.* Las fechas de su nacimiento y muerte se desconocen.

DURANT, John [1620-1689] También conocido como John Durance. Predicador puritano en Canterbury en la época de Oliver Cromwell. Escribió y publicó numerosas obras, una de las más conocidas, la que cita Spurgeon, *Comfort and Counsel for Dejected Souls. Or, A Treatise concerning Spiritual Dejection,* una serie de sermones basados en el Salmo 42, y publicados en 1651. También escribió un curioso devocional para marineros titulado *The Christian's compass, or, The mariner's companion being a brief compendium of the principles of religion, in the things which are necessary to be known and practised by all who profess the name of Christ*, publicado en 1658. Implicado en la revuelta contra la monarquía, fue acusado en 1646 de justificar teológicamente la misma y de apoyar la ejecución de Carlos I, puesto que en cierta ocasión había orado pidiendo "que el rey fuera llevado ante el Parlamento cargado de cadenas".

FENNER, William [1600-1640] Teólogo puritano educado en Cambridge y posteriormente miembro de la Universidad de Oxford. Dotado predicador y prolífico escritor, produjo numerosas obras que fueron traducidas a varios idiomas y que hoy en día han quedado como un tesoro del pensamiento de los puritanos. Entre ellas destacan *The Soul's Looking Glasse, with a treatise of Conscience,* (1640); *Riches of Grace,* (1641); *A Treatise of Affections, or the Soul's Pulse,* (1641); *A Divine Message to the Elect Souls* [sermones], (1646); [la que cita Spurgeon] *The sacrifice of the faithfull, or, A treatise shewing the nature, property, and efficacy of zealous prayer* (1648); *The Danger of deferred Repentance discovered,* (1654); etc.

GADSBY, John [1809-1893] Hijo del memorable pastor bautista de Manchester y escritor de himnos William Gadsby (1773-1844), también escritor como su padre y, además, viajero incansable en el siglo XIX.

Autor de numerosas obras, muchas ellas de viajes, entre las que cuenta el famoso libro *My wanderings: being travels in the east in 1846-47, 1850-51, 1852-53,* publicado en Londres en 1855, y en el que narra todas sus impresiones y experiencias a lo largo sus numerosos viajes por tierras de Oriente. Se trata de una obra citada con mucha frecuencia por Spurgeon en *El Tesoro de David* para explicar las costumbres orientales en relación al texto de diversos salmos.

GURNALL, William [1617-1679] Teólogo, predicador y escritor puritano conocido fundamentalmente por su obra *Christian in Complete Armour* [el cristiano vestido con toda su armadura], publicada en tres volúmenes que salieron a la luz en 1655, 1658 y 1662. El tema de la misma es complementario a la famosa obra de su contemporáneo John Bunyan (1628-1688), *El Progreso del Peregrino,* ya que se centra en describir al cristiano provisto de la armadura para su batalla con el mal y en las instrucciones de cómo usar con propiedad sus armas. Fue una obra recomendada por la mayoría de autores puritanos y C. H. Spurgeon, que se declaraba de manera personal y abierta un gran admirador de Gurnall, afirmaba con respecto a la misma que *"se trata de un libro de incomparable valor, cada una de sus líneas destila sabiduría".*

HARDY, Nathanael [1618-1670] Deán de Rochester entre otros muchos cargos que ocupó en la Iglesia Anglicana y además un elocuente predicador. Sus conceptos teológicos eran los de los puritanos, pero su eclesiología, que discrepaba de la puritana, hizo que se mantuviera en todo momento dentro del anglicanismo. Predicó un elocuente sermón ante Carlos II, durante su exilio forzoso en La Haya, por lo que al regresar el monarca a Inglaterra, le nombró capellán real, de modo que solía predicar con mucha frecuencia en la "Royal Chapel". Escribió y publico diversas obras, entre ellas un comentario a la primera epístola de Juan, titulado *First Epistle of John unfolded and applied* en dos volúmenes que vieron la luz entre 1656-59 [muy utilizado y citado por Spurgeon]. Publicó además varias series de sermones para funerales *A looking-glasse of hvmane frailty* (1654); *The epitaph of a godly man, especially a man of God: or, The happiness by death of holiness in life* (1655); *The royal common-wealth's man, or King David's picture* (1668); *Lamentation, mourning, and woe* (1668); que son probablemente los que cita Spurgeon respecto al Salmo 23.

HERVEY, James [1714-1758] Clérigo anglicano y escritor, nacido en Hardingstone y formado en el Lincoln College de Oxford, donde fue compañero de clase de John Wesley, quien ejerció sobre él una notable influencia. No obstante, adoptó la teología calvinista aunque decidió permanecer dentro de la Iglesia Anglicana, en la que ocupó diversos cargos de importancia. Sus escritos devocionales alcanzaron un notable éxito hasta el punto de que sus reflexiones piadosas bajo el título de *Meditations and contemplations,* que vio la luz en 1746 [la obra que cita Spurgeon], habían alcanzado ya la 25 edición en 1791, y sigue en el mercado hasta el día de hoy.

HOOPER, John [1495-1555] Nació en Somersetshire y murió en la hoguera en Gloucester. Educado en Oxford, ingresó en la Orden del Cister, la cual abandonó para unirse a la Reforma protestante después de una lectura exhaustiva de las obras de Zwinglio y Bullinger sobre las cartas paulinas. Se casó en Basilea en 1546 y permaneció dos años en Zurich, en contacto directo con Zwinglio, tras lo cual regresó a Inglaterra donde contó con el apoyo de Eduardo VI, a pesar de sostener duros enfrentamientos con Cranmer y Ridley por su aversión a las vestimentas clericales y sus ideas negativas a la transubstanciación. Designado Obispo de Worcester en 1552, al subir al trono María Estuardo, fue condenado a la hoguera. La mayor parte de su obra escrita, aparte de algunos tratados controversiales, consiste en la transcripción y recopilación de sus sermones y un tratado sobre los diez mandamientos titulado *A Declaration of the Ten Holy Commandments of Almighty God* (1548). En el Siglo XIX se publicaron varias ediciones de sus obras completas con el título de *Hooper's Works* o *Writings of Dr. John Hooper* (1842), que fueron las utilizadas por Spurgeon para sus transcripciones.

HOWARD, Theodosia Anne [1800-1836] Vizcondensa de Powerscourt. Su nombre de casada responde a Theodosia Wingfield, al haber contraído matrimonio en 1822 con Richard Wingfield, 5º Conde de Powerscourt. Toda una institución de las letras evangélicas en el mundo anglosajón. Se declaró "convertida" por el Rev. Robert Daily, un clérigo anglicano del ala evangélica en 1819, y mantuvo estrechas relaciones con J.N. Darby y las Asambleas de Hermanos de Plymouth, aunque nunca abandonó la Iglesia Anglicana de Irlanda. Poco después de su matrimonio, su vida se vio inmersa en adversidades y duras pruebas. Su marido falleció en 1823, al cabo de un año de matrimonio, y su única hija, fruto de ese matrimonio, perdió también la vida en su primera infancia. Estas tribulaciones impulsaron a Lady Howard a dedicarse por entero a la labor de traer consuelo a los que sufren, sacando partido de su experiencia y del consuelo que ella misma había encontrado en Dios en sus momentos difíciles. Sus numerosos escritos devocionales, cartas, conferencias, etc., fueron recopilados en una obra titulada: *The Writings of Lady Theodosia Wingfield Powerscourt, Viscountess* (1836), y entre los mismos figura un excelente comentario al Salmo 23, que transcribe Spurgeon en *El Tesoro de David*.

HULL, B.D., John [1569-1627] Predicador y vicario de Wallstown Templeroan, Ballintemple y Churchtown, y rector de Schull, en Cork (Irlanda), autor de diversos comentarios bíblicos, entre los que figura *Saint Peters prophesie of these last daies* (1610); *Christ: his proclamation to salvation* (1613); *Discouering the iniquity of the time, and atheisme of the age* (1602); así como Lectures on Lamentations [la que cita Spurgeon], y cuyo título original completo es *Lectures vpon the Lamentations of Ieremiah. First preached and now published by I. Hull B. of D. for the benefit of Gods Church* (1617).

JANEWAY, James [1636-1674] Uno de los predicadores y escritores puritanos más leídos después de

John Bunyan. Spurgeon lo cita con mucha frecuencia. Se le considera el pionero de la literatura cristiana infantil y su obra *A Token for Children* (1671), tuvo un éxito extraordinario convirtiéndose en libro de texto en muchas de escuelas durante años y años. Otras obras suyas son *Heaven upon Earth; or the Best Friend in the Worst Times,* (1670); *The Saint's Encouragement to Diligence* (1677). Spurgeon cita también con frecuencia una recopilación de sus escritos llevada a cabo por el Rev. Andrew Fuller y publicada en 1824 bajo el título *Memoirs of Mr. John Janeway (1633-1657).*

LAVINGTON, Samuel [1726-1807] Pastor en Bideford, Devon, Inglaterra, y autor de diversos libros entre los que destacan sus *Sacramental meditations; and Addresses to Christians on making a public profession of religión* (1835), y sus *Sermons and other discourses*, (1815) una recopilación de sus sermones, muchos de ellos transcritos por él mismo y publicados en Londres en varios volúmenes en 1810/1815, la obra más frecuentemente citada por Spurgeon.

LAYARD, Austin Henry [1817-1894] Historiador, arqueólogo, político y diplomático inglés, mundialmente conocido por sus excavaciones en Nimrod y sus numerosas publicaciones acerca de las costumbres orientales. En 1853 publicó su obra magna y más conocida *Discoveries in the Ruins of Nineveh and Babylon,* que es la citada por Spurgeon.

MACDUFF, John Ross [1818-1895] Pastor presbiteriano escocés y prolífico escritor, en especial de obras devocionales, himnos y poemas. Doctorado en teología por la Universidad de Glasgow, fue pastor de diversas congregaciones. Su obra literaria, que rebasa los treinta libros, ha sido muy apreciada y se ha mantenido accesible en el mercado hasta el día de hoy. Su inclinación poética le llevó a escribir varias obras sobre los salmos, entre ellas *The Shepherd and his Flock,* (1866), que es la que cita Spurgeon en este caso.

MACLAREN, Alexander [1826-1910] Pastor bautista escocés nacido en Glasgow. Su padre, aunque empleado de la South Australian Company, era a la vez predicador bautista laico. Alexander estudió en la Universidad de Glasgow y cuando la familia se trasladó a vivir a Londres en el Seminario Bautista de Stepney (hoy Regents Park College), adquirió su formación teológica para el ministerio bautista. Fue pastor de la "Iglesia Bautista Portland" en Souhthampton, de 1846 a 1758, y ejerció en ella un ministerio sobresaliente que hizo crecer muchísimo la membresía. Muy dotado como orador, se le aplicó el apodo de "el príncipe de los predicadores expositivos". Fue presidente en dos ocasiones de la "Baptist Union of Great Britain" y presidente del "Baptist World Congress" en 1905. Su obra cumbre *Expositions of the Holy Scriptures,* publicada en varios volúmenes y que cubre toda la Biblia, es muy apreciada y considerada todo un clásico dentro de los comentarios expositivos a la Sagrada Escritura. Spurgeon cita algunos de sus sermones.

MASSILLON, Jean Baptiste [1663-1742] Obispo y predicador francés, hijo de un notario de Hyères en

Provenza. Ordenado sacerdote en 1691, en 1693 fue elegido para predicar en el funeral del Arzobispo de Lyon, Paul-François de Neufville de Villeroy, y en el de Henri de Villars, Arzobispo de Vienneue; ambas predicaciones le lanzaron a la fama como orador. En 1695 el Cardenal de Noailles le nombró director del Seminario de Saint-Magloire en Paris, donde su prestigio como predicador en la corte siguió creciendo y fue elegido para oficiar en el funeral del Rey Sol, Luis XIV, donde pronunció ante el féretro del monarca una de sus frases más célebres y recordadas: *"Hermanos, solo Dios merece el calificativo de Grande"*. Siguió como predicador de la corte bajo el reinado de Luis XV. Sus sermones [que cita Spurgeon] fueron recopilados y publicados en 1751 bajo el título *Sermons de M. Massillon, évêque de Clermont* y han seguido disponibles en el mercado librero hasta el día de hoy.

ORÍGENES [185-254] Uno de los más famosos y conocidos Padres Apologistas Griegos. Nacido en Alejandría, fue discípulo de Clemente y sucesor suyo en la dirección de la famosa Escuela de Alejandría. Escribió cerca de 6000 obras, muchas de ellas apologéticas, aunque lamentablemente la mayoría no han llegado a nuestros días. Entre las más conocidas están las *Exaplas, Tratado de los Principios,* y la *Defensa del Cristianismo* [todas ellas publicadas por CLIE], además de su famosa refutación al filósofo pagano Celso y otros escritos. Su primer y mejor trabajo exegético fue un extraordinario comentario a los Salmos 1-25, que es el que cita Spurgeon. En el año 250 fue encarcelado durante la persecución del emperador Decio; sometido a tortura durante un año, murió cuatro años después a causa de las lesiones sufridas.

OWEN, John [1616-1683] Nacido en Stadham (Oxfordshire, Inglaterra), de antepasados galeses, su padre, Henry Owen, era clérigo de la Iglesia Anglicana y pertenecía al ala de los "puritanos". Fue un niño superdotado, hasta tal punto que a los doce años de edad fue admitido en la Universidad de Oxford, algo insólito en la época. Ordenado como clérigo anglicano, apoyó decididamente la causa del ejército del Parlamento en contra de los defensores de los reyes jacobitas. Acompañó a Oliver Cromwell en muchas de sus campañas militares, en las cuales sirvió como capellán del ejército parlamentario. Predicó ante el Parlamento en varias ocasiones, incluso el día después de la ejecución del rey Carlos I. En 1652 fue nombrado vice-rector de la Universidad de Oxford, pero su verdadera fama se debe a su importante obra literaria, el número de libros publicados y la profundidad de su contenido. Su extraordinaria exégesis del Salmo 130 y su monumental comentario a la Epístola a los Hebreos, son de un valor extraordinario y su exposición contundente de la teología calvinista no ha sido superada. La mayoría de sus obras siguen disponibles en el mercado y varias de ellas han sido traducidas al español. Spurgeon cita en especial *A Practical Exposition on the One Hundred and Thirtieth Psalm,* publicado en Londres en 1669; y su *Exposition of Hebrews,* publicada en Londres en cuatro volúmenes tamaño folio entre 1668-1674.

PERKINS, William [1558-1602] Teólogo y predicador puritano nacido en Bulkington, Warwickshire, Inglaterra, el año en que Elisabeth I sucedió en el trono a su hermana María la Sanguinaria. Perkins se educó en una sociedad de influencia radicalmente protestante. A los diecinueve años entró en el Christ College, de Cambridge, donde fue un estudiante brillante, aunque de costumbres un tanto inmorales y disolutas. Cambió sus hábitos, avergonzado, un día en que escuchó en la calle a una madre decir a su hijo de corta edad: *"Niño, modera tu lengua o te ganarás la fama del borracho de Perkins"*. Entró en contacto con los puritanos moderados y se ordenó clérigo anglicano, predicando su primer sermón a los presos en la cárcel de Cambridge. Aunque opuesto a los llamados "no-conformistas" o puritanos estrictos, se declaró contrario a la ley de uniformidad de la iglesia anglicana y a los juicios celebrados contra pastores puritanos entre 1590-1959, y mantuvo que la palabra "puritano" era un término impropio y despectivo para calificar a personas cuya única falta eran sus tendencias perfeccionistas. Teológicamente defendió la teoría de la "doble predestinación" y fue pieza clave en el éxito alcanzado por Teodoro de Beza en Inglaterra. Publicó numerosas obras, varias polémicas, entre las cuales la más conocidas es *A Reformed Catholike* (1597), en la que defiende que los protestantes son los verdaderos cristianos católicos. Algunas de sus publicaciones alcanzaron mucha popularidad en su propia época, siendo traducidas al latín, holandés, alemán, francés, checo y galés. Algunos le han otorgado el título de ser uno de los "padres del puritanismo". Spurgeon cita a Perkins con frecuencia en *El Tesoro de David;* al parecer utilizaba en su biblioteca la recopilación de las obras completas de William Perkins hecha en 1631, impresa en Londres por Iohn Haviland, *The whole works of that famous and worthy minister of Christ in the Vniversitie of Cambridge, M. William Perkins, in three volumes*, y de la cual se ha hecho recientemente una reproducción.

PLUMER, William Swan [1802-1880] Nacido en Darlington, Pennsylvania, USA, y educado en Washington College y el Princeton Theological Seminary, fue pastor en diversas iglesias de Virginia y Carolina del Norte y profesor del Western Theological Seminary (1854 -1862) y del Columbia Theological Seminary (1867-1880). Escribió numerosos libros, entre los que figuran varios comentarios bíblicos, entre ellos un *Studies of the Book of Psalms, Being a Critical and Expository Commentary with Doctrinal and Practical Remarks* (1867), que es el que cita Spurgeon.

POOLE, Mathew [1624-1679] Teólogo y predicador puritano, clérigo anglicano en la parroquia de St. Michael le Querne, Londres, desde 1549 hasta 1662, año en el que, al proclamarse el *Act of Uniformity*, temiendo por su vida, abandonó Inglaterra y se refugió en Amsterdam. Sus obras más conocidas son la *Synopsis criticorum biblicorum* publicada en 5 volúmenes, entre 1669-1676, en la que recoge y sumariza las opiniones de ciento cincuenta eruditos bíblicos; y sus *English Annotations on the Holy Bible,* que no alcanzó a terminar y fue completada por un grupo de teólogos puritanos elegidos para ello y publicada en 2 volúmenes en 1683. Esta última es la obra que cita Spurgeon.

PORTER, Josias Leslie [1823–1889] Pastor y misionero escocés, nacido en Burt y educado en Glasgow y Edimburgo. Permaneció diez años como misionero en Damasco y posteriormente publicó en diversos libros sus impresiones y experiencias en Oriente. En 1860 entró como profesor en el Presbyterian College de Belfast y en 1875 fue elegido coordinador de la Iglesia Presbiteriana. En1879 fue nombrado Presidente del Queen's College en Belfast. Escribió numerosos libros que se han seguido publicando hasta el día de hoy, la mayoría de ellos sobre usos y costumbres de las tierras bíblicas, entre los que destacan *Five years in Damascus; with travels and researches in Palmyra, Lebanon, the giant cities of Bashan, and the Hauran* (1855), y *The Giant cities of Bashan and Syria's holy places* (1865), que es su obra más conocida y la que cita Spurgeon.

POWER, Philip Bennet [1822-1899] Pastor y escritor presbiteriano que pastoreó diversas congregaciones en Inglaterra, en Leicester, Holloway, Londres y Worthing desde 1846-1865. Escribió numerosos libros, los más conocidos *Failure and Discipline: Thoughts on Canticles V*; *The 'I wills' of the Psalms: the determinations of the man of God as found in some of the 'I wills' of the Psalms* /1860) [la obra que cita Spurgeon en este caso]; *The feet of Jesus: in life, death, resurrection, and Glory* (1872); *The 'I wills' of Christ; thoughts upon* *some of the passages in which the words 'I will' are used by* (1882), todas ellas a la venta hasta el día de hoy.

PRIME, John [1550-1596] Teólogo y predicador puritano nacido en Oxford. Cursó estudios en Wickham School y posteriormente en New College. Fue un dotado predicador, lo que le valió el apoyo del obispo de Winchester y es considerado uno de los predicadores puritanos de mayor valía. Escribió y publicó diversas obras: *A Short Treatise of Sacraments* (1582), *a Treatise of Nature and Grace* (1583) y numerosos sermones. La cita de Spurgeon procede de uno de esos sermones, concretamente el sermón sobre el Salmo 23 titulado *The Consolation of David applied to Queen Elizabeth*, predicado en St. Mary's en Oxon, el 17 de Noviembre de 1588.

ROBERTS, Joseph [1795-1849] Escritor y pastor metodista ordenado en 1818, cuando decidió ir como misionero a la isla de Ceilán (actual Sri Lanka). Allí permaneció, ocupando diversas posiciones en distintos lugares, hasta 1832, año en el que regresó a Inglaterra, donde trabajó varios años como pastor. En 1842 partió de nuevo a Oriente, esta vez a la India, como superintendente general de las misiones wesleyanas en Madrás, donde falleció después de una larga enfermedad. Aprovechó sus años en Ceilán y en Madrás para realizar un estudio exhaustivo de las costumbres orientales, que luego recopiló y publicó en 1833 en su obra magna titulada: *Oriental Illustrations of the Sacred Scriptures. Collected from the Customs, Manners, Ri-*

tes, Superstitions, Traditions, Parabolical, Idiomatical and Proverbial Forms of Speach, Climate, Work of Art, and Literature of the Hindoos; during a residence in the East of nearly fourteen years (Ilustraciones Orientales de las Sagradas Escrituras. Recopiladas de las costumbres, formas, ritos, supersticiones, tradiciones y formas de lenguaje, parabólicas, idiomáticas y proverbiales, del clima, de las obras de arte y la literatura de los hindúes, a lo largo de casi catorce años de residencia en Oriente), obra muy apreciada y utilizada hasta nuestros días y que cita Spurgeon en *El Tesoro de David* en una edición publicada por John Murray, en Londres, en 1835. También llevó a cabo importantes estudios en el idioma Tamil y traducciones para la Oriental Translation Society de Londres. Por ambas cosas fue nombrado miembro correspondiente en Madrás de la Royal Asiatic Society of Great Britain and Ireland, fundada en 1823.

ROBINSON, Ralph [1614-1655] Teólogo y predicador puritano nacido en Heswall (Cheshire) y educado en Cambridge. Debido a los sucesos de 1642, dejó Cambridge y se trasladó a Londres, donde se ganó una merecida reputación tanto con el pueblo llano como entre sus colegas a través de sus excelentes predicaciones. Fue elegido como presbítero de St. Mary's, en Woolnoth. En 1651 fue arrestado y encarcelado en la Torre de Londres acusado de participar en la conspiración de Christopher Love contra el Lord Protector of England, Oliver Cromwell, y de intentar restaurar la monarquía, pero indultado poco después. Aparte de sus sermones, publicó dos obras bien conocidas, que son *Christ all in* *all*, y *Hieron or the Christian compleatly Armed,* ambas publicadas en Londres en 1656, y citadas por Spurgeon.

ROGERS, Ellen M. Citada por Spurgeon como Mrs. Rogers. Escritora inglesa, esposa del también escritor y vicario de St. Luke's, West Holloway, en Londres, el Rev. George Albert Roberts. Especialmente conocida por dos libros que escribió: *The Folded Lamb,* publicado en 1849, escrito en recuerdo y en memoria de un hijo suyo fallecido en la infancia, que incluye un prefacio escrito por su marido, el Rev. George Albert Rogers, y *The Shepherd's King or Jesus seen in the life of David,* publicado en 1856; aunque escribió otros libros sobre otros temas, como *A Winter in Algeria 1863-1864,* publicado en 1865. Su marido, George, escribió también numerosos libros cristianos muy apreciados hasta el día de hoy, como *The Sure Anchor: or Salvation Inseparable from Regeneration* (1845*), Jacob's Well* (1849), *The Valour of Faith o The Gospel in the Life of Gideon* (1859), que siguen publicándose y vendiéndose en el mercado actual.

SECKER, William [¿?-1681] Teólogo y predicador puritano en Tewkesbury y, posteriormente, en All-Hallows, en London Wall. Sus sermones fueron publicados en Londres, el 1660, en 8 volúmenes, con el título de *The nonsuch professor in his meridian splendor, or The singular actions of sanctified Christian*s [la obra que cita Spurgeon], y han sido reimpresos numerosas veces. El más famoso y conocido de sus sermones es el titulado *A Wedding Ring fit for the Finger, or the Salve* *of Divinity on the Sore of Humanity,* predicado en una boda en Londres, en 1658.

SEDGWICK, Obadiah [1600-1658] Teólogo y predicador puritano, hijo de Joseph Sedgwick, vicario de St. Peter's, Marlborough, Wiltshire, y hermano de otro puritano famoso, John Sedgwick. Cursó estudios en Oxford, en Queen's College, y obtuvo su B.A. en 1620, y el M.A. en 1623. En época de Cronwell predicó muy duramente desde el púlpito de St Mildred Bread Street contra el episcopado. En 1642, fue capellán en el ejercito parlamentario del regimiento de infantería capitaneado por el barón Denzil Holles, y en 1643 miembro de la Westminster Assembly. Predicó en numerosas ocasiones ante el Parlamento, y la mayoría de sus sermones fueron publicados. Escribió además diversas obras de teología y comentarios. La que cita Spurgeon concretamente en este caso es *The Shepherd of Israel or an Exposition on Psalm XXII,* publicada en 1658, aunque en *El Tesoro de David,* al comentar otros salmos, cita otras de sus obras en numerosas ocasiones, como *The Doubting Believer* (1653), al comentar el Salmo 27:8.

SMITH, Samuel [1588-1665] Teólogo y predicador puritano, nacido en Westcestershire. Además de sus sermones, escribió y publicó numerosas obras, entre ellas varias sobre los salmos y la vida de David, como *David's blessed man, or, A short exposition vpon the first Psalm* (1614), comentando el Salmo 1; *David's repentance, or, A plain and familiar exposition of the LI* (1614), comentando el salmo 51; *The chiefe shepheard* or, *An exposition vpon ye XXIII* (1625), que es el que cita Spurgeon en este caso; o *Moses his prayer. Or, An exposition of the nintieth Psalm In which is set forth, the frailty and misery of mankind; most needfull for these times* (1656), sobre el Salmo 90.

STEVENSON, John [1838-1846] Ministro de la Iglesia Anglicana en las poblaciones de Cury y Gunwalloe, en el condado de Cornwall y canónigo en Canterbury. Fue uno de los predicadores más dotados dentro de la Iglesia Anglicana en la Inglaterra del Siglo XIX, y la fama de sus exposiciones publicadas de los salmos 22, 23 y 103 ha llegado hasta nuestros días. Sus obras más conocidas son *Christ on the cross: an exposition of the twenty-second Psalm* (1851); *The Lord Our Shepherd; An Exposition of the 23rd Psalm* (1850); y *Gratitude: An Exposition of the Hundred and Third Psalm* (1854); todas ellas citadas por Spurgeon en *El Tesoro de David*.

STOUGHTON, John [1807-1897] Teólogo y pastor congregacionalista inglés nacido en Norwich. En 1833 fue pastor en Windsor, y en 1843, en Kensington; en 1856 fue elegido presidente de la "Congregational Union", la unión de iglesias congregacionalistas de Gran Bretaña. Desde 1872 a 1884, fue profesor de Historia de la Teología en el New College, de Hampstead. Publicó numerosas e importantes obras de historia, como *Church and State 1660-1663*, publicada en Londres (1862); *Ecclesiastical History of England 1640-1660,* en 4 volúmenes, publicados en Londres de 1867-1870; llegó a escribir incluso una obra sobre los reformadores españoles *The Spanish Reformers* (1883). La obra que cita Spurgeon, en este caso de carácter devocional, es mucho menos conocida, se trata de *The song of Christ's flock in the twenty-third Psalm,* prologada por el propio Stoughton en Fairlawn House, Hammersmith, la Navidad de 1859, y publicada en Londres, en 1860.

STRUTHER, William [1578-1633] Clérigo y predicador escocés afincado en Edimburgo. Publicó sus sermones en diversas obras con diversos títulos. Las más conocidas son: *Scotlands warning, or a treatise of fasting* (1628); *Christian obseruations and resolutions. Or The dayly practise of the renewed man* (1629); *A looking glasse for princes and people (1632);* y *True happines, or, King Dauids choice* (1633), su obra sobre los salmos que cita Spurgeon.

THOMSON, William McClure [1806-1894] Misionero y pastor presbiteriano educado en la Universidad de Miami, en la de Ohio y en Princeton. Trabajó durante muchos años en Siria y Palestina, donde recopiló toda la información posible acerca de los usos y costumbres de las tierras bíblicas, que publicó después en una obra monumental titulada *The Land and the Book, Or, Biblical Illustrations drawn from the Manners and Customs, the Scenes and Scenery of the Holy Land* (1859), que es la obra citada por Spurgeon y que sigue siendo hoy en día obra de referencia en el tema, frecuentemente reimpresa y ampliamente utilizada.

TEODORETO DE CIRO [393-466] Obispo de Ciro en Siria y el último teólogo destacado de la escuela de Antioquía. Educado entre los monjes, su cultura refleja al mismo tiempo una profunda formación clásica. Muertos sus padres, se retiró a uno de los monasterios de Nicerta. En 423 fue elegido obispo de Ciro, donde desarrolló una amplia actividad. Enérgico adversario de la herejía eutiquiana, fue depuesto de su sede episcopal hacia el 449, pero en 451 fue admitido entre los «doctores ortodoxos» por el Concilio de Calcedonia —que condenó a Nestorio y Eutiques—, tras haberle exigido una explícita declaración contra Nestorio y su doctrina. Tras el Concilio, Teodoreto prosiguió con su labor pastoral y literaria. Entre sus numerosos escritos, figuran diversos comentarios a los textos del Antiguo Testamento, en los que ocupa un lugar especial su *Comentario a los Salmos 1-72*.

THORNTON, John [1776-1841] También conocido como John of Billericay, en la población de Essex, Inglaterra, donde ejerció como pastor de la United Reformed Church desde el 1800 hasta su muerte, en 1841. Escribió varias obras devocionales y de consuelo para los que sufren, como *Repentance explained and enforced* (1818); *The Christian's consolation; or, The preciousness of Christ to all who believe* (1823); *Piety exemplified in the lives of eminent Christians* (1825); *A companion for the sick chamber* (1837); *Bereaved parents consoled* (1839). La obra suya que cita Spurgeon en este caso es *The Shepherd of Israel, a practical exposition of the Twenty-Third Psalm,* publicada en

Londres en 1826 por W. Baynes & Son, y es la menos conocida de sus obras.

TRAPP, John [1571-1622] Teólogo, predicador y comentarista puritano. Cursó estudios en la Free School en Worcester y, posteriormente, en la Christ Church, de Oxford. Apoyó a los parlamentarios durante la Guerra Civil y fue arrestado, aunque liberado posteriormente. Fue párroco de Welford-on-Avon en Gloucestershire entre 1646 y 1660 y vicario de Weston desde 1660 hasta su muerte, en 1669. Prolífico escritor, publicó numerosas obras, aunque es especialmente conocido y famoso por su comentario a toda la Biblia en cinco volúmenes: *Commentary on the Old and New Testaments* publicado en Londres, en 1654, y que ha seguido en el mercado ininterrumpidamente hasta el día de hoy. Ha sido y sigue siendo ampliamente utilizado y muy apreciado por miles de pastores de habla inglesa. Se ha dicho que, juntamente con la de Matthew Henry, constituye uno de las mejores exposiciones a toda la Biblia que se han escrito. Se trata de un autor citado por la mayoría de autores cristianos desde el siglo XVII, y especialmente por Spurgeon, que lo hace con mucha frecuencia.

TYMME, Thomas [¿?-1620] Teólogo y predicador puritano, educado en Cambridge. En 1575 tuvo a su cargo la parroquia St. Antholin, en Budge Row, Londres, y la de Hasketon, cerca de Woodbridge, Suffolk. Su mayor aportación a la literatura cristiana fue como traductor a la lengua inglesa de numerosas obras escritas en latín u otros idiomas, especialmente las de los reformadores. En 1570 publicó su primera traducción del latín de las obras de Juan Brentius, que tituló *Newes from Niniue to Englande, brought by the prophete Ionas*. A ella siguieron muchas otras a un ritmo de una cada dos a tres años. En 1577 tradujo y publicó el comentario de Juan Calvino a Corintios, en 1578 al Génesis, a los que siguieron otros. A finales del Siglo XVI se dejó arrastrar por la visión apocalíptica generalizada propia de los finales de siglo, pronosticando que Inglaterra caería en manos de los paganos como castigo a su laxitud moral. Ello le impulsó a escribir algunas obras de su propia pluma sobre este tema, como *The Figure of Antichrist* (1586) y *A preparation aginst the prognosticated dangers of this year* (1588). Pero entrado el Siglo XVII, cambió su punto de vista, y a la vez que seguía con sus traducciones, ahora de filosofía y alquimia, escribió también algunos libros devocionales, como *A Silver Watchbell* (1614) [la obra que cita Spurgeon], su libro más popular y conocido, del cual se hicieron en vida suya 19 ediciones, y también *Chariot of Devotion* (1618).

BIBLIOGRAFÍA EN INGLÉS
RECOMENDADA POR SPURGEON SOBRE EL SALMO 23

Certain Comfortable Expositions of the Constant Martyrs of Christ, por JOHN HOOPER, Obispo de Gloucester y Worcester, 1555, escritos en los momentos de su tribulación y encarcelamiento, sobre los salmos XXIII, LXII, LXXIII y LXXVII, escritos por el profeta David.

The Chiefe Shepheard; or an Exposition upon ye Twenty-third Psalme, por SAMUEL SMITH, Ministro de la Palabra de Dios, en Prittlewell, Essex, 1625. 8vo.

Meditations and Disquisitions upon Seven Consolatorie Psalmes of David, por SIR RICHARD BAKER, 1640.

The Shepherd of Israel; or, God's pastoral care over his people. Una serie de sermones sobre el Salmo XXIII, por el Reverendo y fiel Ministro del Evangelio OBADIAH SEDGWICK, B.D., 1658. 4to.

The Shepherd of Israel: a practical Exposition and Improvement of the Twenty-third Psalm, por J. THORNTON, 1826. 12vo.

The Lord our Shepherd: an Exposition of the Twenty-third Psalm, por el REV. JOHN STEVENSON, párroco perpetuo de Cury y Gunwalloe, Cornwall, 1845. 8vo.

The Good Shepherd and the Chosen Flock: shewing the progress of the sheep of Christ through the wilderness of this world to the pastures of the Heavenly Zion. An Exposition of the Twenty-third Psalm, por THOMAS DALE, M.A., Canónigo Residente de la Catedral de San Pablo, London, 1847. 12vo.

The Shepherd King; or Jesus seen in the Life of David. Escrito para los jóvenes por la autora de *"The Folded Lamb."* MRS. ROGERS, 1856. 12vo.

The Song of Christ's Flock in the Twenty-third Psalm, por JOHN STOUGHTON, 1860. 12vo.

BIBLIOGRAFÍA EN ESPAÑOL
SOBRE EL SALMO 23

El Señor es mi pastor, J. DOUGLAS MaCMILLAM. Editorial Peregrino, Ciudad Real, 1996.

La vida en el redil, PHILIP KELLER. Editorial Caribe, Miami, 1989

El Salmo del pastor, F. B. MEYER. CLIE, Barcelona, 1982.

Títulos de la colección
CLÁSICOS CLIE:

El predicador y la oración
Edward M. Bounds

El cristiano de rodillas
Anónimo

La oración que prevalece
D.L. Moody

Pies de ciervas en los lugares altos
Hanna Hurnard

El verdadero arrepentimiento
Charles G. Finney

El Peregrino
John Bunyan

La Peregrina
John Bunyan

El libro de oro de la verdadera vida cristiana
Juan Calvino

En sus pasos ¿qué haría Jesús?
Charles M. Sheldon

Salmo 23
Charles H. Spurgeon

www.ingramcontent.com/pod-product-compliance
Lightning Source LLC
LaVergne TN
LVHW030634080426
835508LV00023B/3357